HOW TO HELP YOUR CHILD BECOME A FAST RUNNER

足の速い子の育て方

体育の家庭教師
株式会社フォルテ
代表取締役

長澤宗太郎

中経出版

はじめに

私は、19歳で子どものスポーツ指導をはじめ、現在は「体育の家庭教師」として、かけっこや運動に苦手意識をもつ子どもや「もっと速く走れるようになりたい」という子どもたちに、マンツーマン指導を行っています。これまで教えてきた子どもたちの数は、下は幼児、上は中学生まで約１０００人に上ります。

子どものスポーツ教育に携わってきたなかで、私が実感していることは、現在の子どもたちの多くが、運動・スポーツの楽しみを知らずに成長してしまっているということです。

近年、子どもたちの著しい体力低下が問題視されています。運動や外遊びをする機会も場所も少なくなり、運動しない子どもたち、運動に苦手意識をもつ子どもたちが増えているのが現状です。

子どものうちに十分な運動をしていなかったために、自分の体をうまくコントロー

ルできない子どもも増えています。たとえば、自分の足に引っかかって転んでしまう子や、転んだときに反射的に手で受け身の体勢をとることができず、顔から地面にぶつかってしまう子が多くなっているのです。

運動が苦手な子や、自分の体をうまくコントロールできない子にとっては、運動やスポーツは「楽しむ対象」ではなく、「嫌悪感を抱く対象」にならざるをえません。

私は最近、子どものお父さん、お母さんから、次のような質問を受けることがよくあります。

「今、野球を習わせているのですが、なかなか成果が出ません。どうしたらよいでしょうか？」

勉強は、基本問題ができないと、応用問題もできません。

かけ算の九九ができなければ方程式は解けませんし、読み書きが十分にできなければ文章は書けません。

運動も同じです。走る、跳ぶ、ぶら下がるといった基本的な運動ができなければ、サッカーや野球、テニスなどの技術が求められるスポーツをやってもなかなか上達しません。まずは、自分の体をうまく動かすだけの、年齢に合った筋力や運動能力を身につけることが大切なのです。

ではどうすれば、筋力などの基礎体力や運動能力が身につくのでしょうか。いちばんの早道は「かけっこ」、つまり「走る」ことです。

「走る」ことはとても単純な動作ですが、実は、全身運動を必要とします。速く走るためには、腕の力、腹筋、背筋、足の筋肉などの全身の筋力が必要になり、上半身と下半身の運動をうまく行うことが求められます。

つまり、「速く走れる」ということは、運動に必要な基礎体力が身についている証拠でもあります。

基礎体力があれば、他のスポーツや競技にチャレンジしても、上達のスピードが格段に速くなります。しかも、ほとんどのスポーツが「走る」という動作をともなうので、速く走れるとそれだけで有利になります。走ることは、すべての運動の基本となるのです。
速く走れるようになり、スポーツも上達すれば、子どもたちにとっては大きな自信となり、運動を楽しいと思えるようになるでしょう。私は、たくさんの運動の苦手な子どもたちを指導していくなかで、「運動が苦手」から「運動が好き」に変わっていく姿を何度もこの目で見てきました。

本書では、「走る」ことの重要性をお伝えするにあたり、一般的な技術論やトレーニング方法だけではなく、「家庭でお父さん、お母さんがやるべきこと」「子どもとの接し方」「適切なアドバイス法」などについても、多くのページを割いています。それは、技術やトレーニングだけでは、指導に限界があるからです。

もちろん、走り方を変えるだけでも、格段に足は速くなります。しかし、お父さん、お母さんと子どもの間で十分なコミュニケーションをとり、信頼関係を築いたうえでなければ、すぐに壁にぶつかってしまいます。

本書に書いてあることを実践していただければ、子どもが生まれもった能力を成長させ、子どもの足を速くすることができます。それは、子どもにとっては大きな自信になるはずです。

ただし、足が速くなることは、最終的なゴールではありません。運動会で1番をとることも、ゴールではありません。

足が速くなることは、あくまでも運動やスポーツを楽しむきっかけをつかむための入口にすぎないのです。

ぜひ、本書に書いてあることを、子どもと一緒になって実践してみてください。そして、運動やスポーツが楽しいということを伝えていただけたら幸いです。

２０１１年３月

長澤　宗太郎

『足の速い子の育て方』もくじ

プロローグ

足が速くなると、子どもが変わる！

第❶章 誰でも足は速くなる！

第❷章
「足が遅い原因」はメンタルにある！

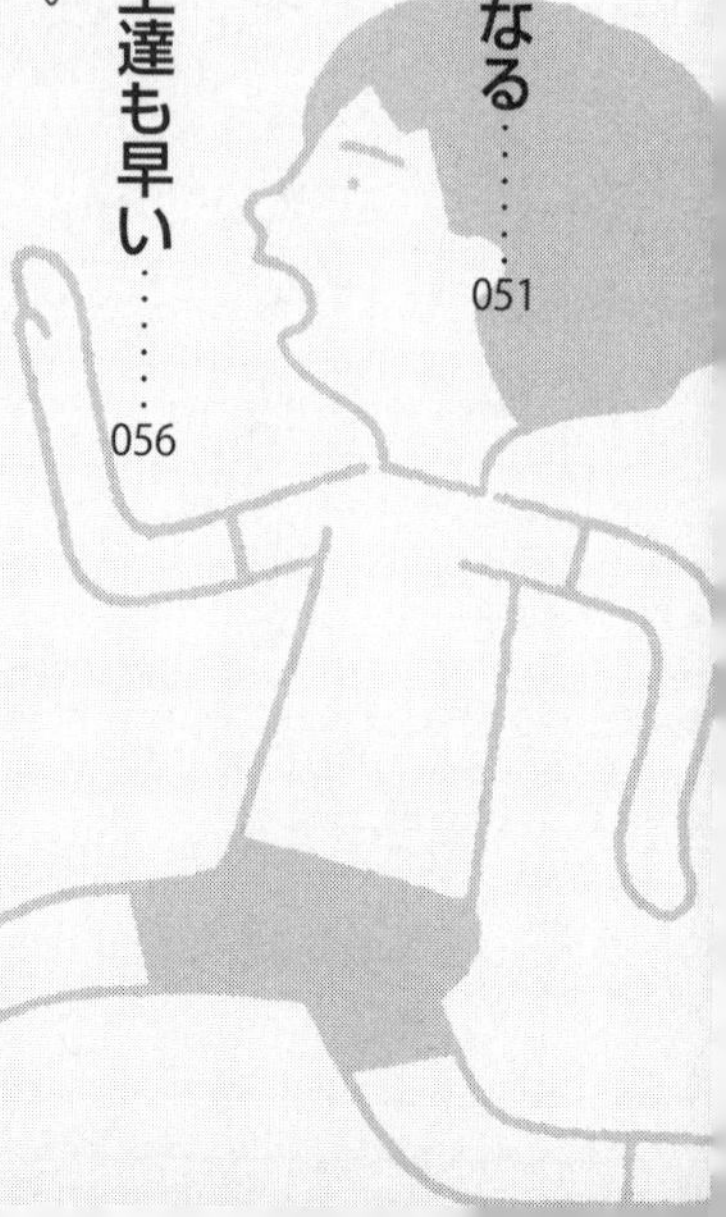

第❸章

子どもを練習する気にさせる方法

第4章

運動が苦手でもできる！足が速くなる練習法

本文イラスト：高田真弓
本文デザイン：新田由起子（ムーブ）

プロローグ

足が速くなると、子どもが変わる！

足が速くなると、子どものやる気が変わる

◉「目に見える成長」が自信につながる

足が遅い子というのは、「速く走るための正しいフォームを知らない」ケースがほとんどです。だから、走り方のアドバイスをしてあげるだけで、すぐにタイムが上がります。

私は体育・スポーツの家庭教師として子どもたちの指導をしているのですが、指導を本格的に行う前に、かならず「体験レッスン」を受けてもらいます。実際のレッスンを通して、成果をあげるために必要と思われる「期間」と「内容」を把握するためです。

この体験レッスンでは、最初に50メートル走のタイムを計ったあと、走り方の指導をします。そして、最後にもう一度、50メートル走のタイムを計測します。

すると、多くの子どもが0秒5ほどタイムが上がります。**0秒5という数字だけではなかなか実感が湧かないかもしれませんが、見た目でも「速くなった」と感じられるくらいの大きなタイム差です。**

もちろん、すべての子どもが0秒5速くなるわけではありませんが、ほとんどの子どもは、最初のタイムよりも良いタイムをたたき出します。

すると、子どもたちは大喜びです。「数字」というわかりやすいモノサシで自分の成長を実感することは、大きな自信になるのでしょう。そして、「もっとがんばろう!」「もっと速いタイムを出そう」と、やる気になります。

私は、このように子どもたちがやる気になって、前向きにチャレンジする気持ちになることが、とても大事なことだと思っています。

もちろん、足が速くなって、タイムがアップしていくことも大切です。しかし、それ以上に「子どもたちの気持ちが前向きに変わる」ことが大きな意味をもっているのです。

◉「そんなの無理」から「やればできる」へ

私の指導した子どものなかにも、速く走れるようになったのをきっかけに、前向きな気持ちに変化していった子どもがいます。

当時、小学校5年生だったAくんは、おせじにも「走るのが速い」とはいえませんでした。むしろ「遅い」レベルだったといってよいでしょう。

以前所属していた体操クラブをやめてから体重が増えてしまったうえに、身長が伸び悩んでいたのも、足が速くならない原因のひとつでした。しかしそれ以上に、何よりも運動に対して苦手意識をもっていたのが大きな障害になっているようでした。

私が「リレーの選手を目指してみようか」と言っても、「そんなの無理だよ」と即答するような状態だったのです。

しかし、私と一緒にトレーニングを重ねるうちに、徐々に50メートル走のタイムが上がっていきました。最初は9秒6でしたが、9秒3、9秒1、8秒9と、徐々に速く走れるようになっていったのです。

すると、彼の心境にだんだんと変化が見えるようになりました。**「自分の足が速くなっている」ことが、数字によって目に見えるかたちでわかるので、自分の可能性を**

信じるようになったのです。「努力をすれば速くなる」ということを、Aくんは肌身で感じてくれたのでしょう。

それからの彼は、運動に対する姿勢が明らかに変わっていきました。最初は、私が指示するとおりに動くだけだったのですが、しだいに「どうすればもっと速くなりますか?」と質問をしてくるようになったのです。

また、学校の授業の記録会の前には、「1番になりたい」と自分から目標を掲げました。昔だったら、「そんなの無理」とすぐに答えていたでしょうから、大変な進歩です。

こんな出来事もありました。私は、家でやってほしいトレーニングメニューを組んで彼に渡しました。「腕立て伏せ30回、腹筋30回」と書いておいたのですが、後日そのメニューを見たら、二重線が引っ張ってあり、「腕立て伏せ40回、腹筋40回」と書きかえられていました。

つまり、Aくんは運動に対して、積極的にチャレンジすることをいとわない子どもに変身していったのです。しかも、運動に対する苦手意識がなくなったため、学校でもこれまで以上に友人と外で遊ぶようにもなりました。

心境の変化にともない、運動能力も飛躍的に向上しました。1年後の小学校6年生のときには、なんと50メートルを7秒4のタイムで走れるようになりました。1年間で、タイムを2秒2も縮めたことになります。

Aくんのように「遅いレベル」から「速いレベル」へ進化を遂げるのは、とてもすごいことです。しかし、特別なトレーニングをしたわけではありません。この結果はすべて、Aくんが「自分はがんばればできる」という自信をもてたことが、原動力になったといえるでしょう。

足が速くなると、あきらめない子になる

◉渋々レッスンを受けに来ていた子どもが、大変身!

もうひとり、私が指導した子どもの例をお話ししましょう。

小学校4年生の女の子Bさんも、私とはじめて会ったときは、運動に対して苦手意識をもっていました。

Bさんは、勉強の成績が優秀なうえに、長年ピアノも習っていて、発表会で演奏するほどの腕前。まわりの人の目から見れば、とても優秀な子と映っていたでしょう。

ただし運動だけは大の苦手で、運動会のかけっこは毎年最下位。なわとびも、鉄棒の逆上がりもできませんでした。私のところに来たときも、「自分から進んで」というわけではなく、お母さんに連れられて、渋々来た様子でした。

ところが、私と一緒にトレーニングをはじめてからは、50メートル走のタイムも上がり、運動に対する苦手意識もみるみるなくなっていきました。**最初のタイムは11秒2でしたが、1年後には9秒08まで縮め、毎年最下位だった運動会も3番になりました。**それだけではありません。なわとびも逆上がりも克服し、とくになわとびは二重跳びやあや跳び、交差跳びも難なくできるようになったのです。

また、前年は最下位から数えて2番目だったマラソンも、真ん中より上の順位に一気に上がりました。

このような急激な成長は、学校の体育の先生も予想外だったようです。学校でマラソンの練習をしているとき、周回を終えたBさんが走るのをやめると、先生が「Bさん、まだもう1周残っているぞ」と声をかけたのです。もちろん、Bさんはサボったわけではなく、ちゃんと決められた周回を走りきっていました。先生は、Bさんがいつも周回遅れになっているというイメージをもっていたのでしょう。笑い話のようですが、それほどまでにBさんの運動能力は向上したのです。

◉かけっこが「逃げない」ことを教えた

向上したのは、運動能力だけではありません。「もっと練習をがんばろう」という意欲も向上しました。

Bさんの学校は、マラソンのタイムによって、子どもたちを3つのランクに分けます。彼女は、私のところに来るまではずっと、いちばん下のランクでした。しかし、彼女は「いちばん上のランクを目指す」と自分から目標を設定し、努力を続けたのです。結果は、いちばん上のランクに入るにはわずか10秒足りなかったのですが、見事真ん中のランクに入ることができました。

Bさんは、これまで「自分には勉強があるから」「自分にはピアノあるから」といって、ずっと運動を避けてきたのだと思います。

もちろん、「勉強やピアノができれば運動はできなくてもいい」という考え方もあるかもしれません。一芸を極めることも大事です。**しかし、足が速くなり、苦手な運動を克服することで、彼女は逃げないこと、あきらめないこと、そして成長することの喜びを肌で知ることとなりました。**

この経験は、勉強やピアノはもちろん、これからの彼女の人生にとっても大きな糧になるはずです。

足が速くなると、学校生活が変わる

◉運動ができると、友人関係がうまくいく

ＡくんもＢさんも、足が速くなることをきっかけに、これまでの運動に対する苦手意識を克服し、自信を手に入れました。その結果、運動に対しても前向きに取り組むようになったのです。

自分が子どもだったときのことを思い出してみてください。逆上がりができるようになったとき、とび箱が跳べるようになったとき、なわとびの二重跳びができるようになったときなど、何かをやり遂げた経験や満足感は大きな自信になったはずです。

私は、こうした経験の効果は、運動の分野だけにとどまらないのではないかと思っています。**少し大げさなことをいえば、足が速くなることは、子どもの学校生活を変えるだけの力をもっていると考えているのです。**

たとえば、運動が得意になることで、休み時間の人間関係に変化が起きます。幼稚園、小学校のころの遊びといえば、体を動かすものが少なくありません。読者であるお父さん、お母さんも、子どものころはドッジボール、鬼ごっこ、缶蹴り、ゴム跳び、サッカー、野球などの遊びやスポーツに夢中になったことでしょう。

もしも運動が苦手だと、このような遊びに参加する勇気が湧いてきませんし、もし参加したくても、まわりの友だちが快く思わないかもしれません。**子どもというのは残酷なもので、下手な子、運動ができない子に対して、悪気はなくても傷つけるような言動をとってしまうことがあります。**

たとえば、ゲームのチーム分けをするときにも、うまい子同士がじゃんけんをして、勝ったほうから自分のチームに入れたい子を選んでいく。もしも最後まで選ばれなかった子どもは、どう思うでしょうか。人知れず傷つき、運動やスポーツに対して、ますます苦手意識をもってしまうのではないでしょうか。このような精神状態では、おそらく友だちとの付き合いも苦痛になってしまいます。

休み時間はずっと教室で本を読んでいるタイプの子どももいます。本当に本が好きなら、何の問題もないと思います。しかしなかには、外で友だちと一緒に遊びたいのにもかかわらず、運動が苦手なので、仕方なく本を読んでいる子もいるかもしれません。そんな子は、内心では「早く休み時間が終わらないかな」と思っている可能性もあります。

もちろん、運動ができなくても友だちはつくれます。しかし、運動に苦手意識をもっているばかりに、遊びに参加できず、友人関係が制限されてしまうのであれば、かわいそうではないでしょうか。

◉運動をがんばる子は、勉強もがんばるようになる

足が速くなることは、勉強にも良い影響を与えると、私は信じています。トレーニングをして足が速くなると、ほとんどの子どもは、「やればできる」「努力すれば結果がついてくる」と実感することになります。Aくんや Bさんの例からもわかるように、成果が出ると、自信がついて何事にもチャレンジしてみようと積極的になるのです。

タイムが縮むこと、運動会で1番になることも重要ですが、それ以上に、このような「努力をすれば成果が出る」というプロセスを体験することが大切です。

このような経験を積んだ子どもは、運動以外のことに対しても積極的にチャレンジするようになります。がんばれば結果がついてくる、ということを体験的に知っているから、少々の壁なら乗り越えようと努力し、テストでもさらに高得点を目指すようになります。しかも「自分から進んで」です。

もし、「努力をすれば成果が出る」という経験を積んでいないと、ちょっとむずかしい問題にぶち当たっただけで、「どうせ無理だ」とあきらめてしまいます。しかし、これは当たり前のことです。大人も子どもも、経験したことのないことに対しては、及び腰になってしまうものです。

運動を通じて「努力すれば成果が出る」ことを学んだ子どもは、勉強でもその経験を活かすことができるはずです。運動以外の習いごとにも、同じような効果が表れるのではないでしょうか。

◉運動ができるようになると、子どもの性格や行動も変わる

このように、運動すること、そして足が速くなることは、子どもの学校生活を楽しく有意義なものへと変える力をもっています。

さらには、少し大げさな言い方をすれば、子どもの性格や生活態度を変えるきっかけにもなる可能性があります。

あなたの子どもに、次のような兆候は見られないでしょうか。

「結果が出ない」
「集中力がない」
「習いごとが続かない」
「自信がなさそうにしている」
「すぐにあきらめてしまう」

もしも心当たりがあれば、ぜひ子どもの毎日の生活に、運動の習慣を取り入れてみてください。「走る」ことを通じて、子どもの気持ちが前向きに変化していくはずです。

たかが「かけっこ」、されど「かけっこ」。

かけっこひとつで子どもの人生が変わるということを認識したうえで、本書を読み進めていただきたいと思っています。

第1章

誰でも足は速くなる！

足の速い子は、遊びのなかで基礎体力を鍛えている

●平均身長が伸びているのに、運動能力は落ちている

最近の子どもたちを見ていると、身長が高くて、手足の長い子が増えているように感じます。食事が欧米化したことなどが理由としてあげられるでしょうが、数十年前の子どもたちと比べても、体格的にはとても恵まれているといえます。

その傾向は統計にも表れています。文部科学省の「学校保健統計調査」によると、１９８０年の９歳（今の子どもの親世代）の平均身長は、男子が１３２・０センチ、女子が１３１・９センチでした。一方、現在（２０１０年）の９歳の平均身長は、男子が１３３・５センチ、女子も１３３・５センチ。約30年前に比べると、男子は、１・５センチ、女子は１・６センチ平均身長がアップしたことになります。

基本的には、体が大きくて手足が長いほうが、「走る」などの運動能力は高い傾向があります。**ところが、恵まれた体格であるにもかかわらず、運動に苦手意識をもっている子どもが少なくありません。体を動かそうと思っても、大きな体を持て余してしまい、うまくコントロールできないのです。**

手足が長い子にかぎらず、「体育が苦手」「運動神経がない」という子どもが増えています。苦手なことを楽しくできる子どもは、まずいません。だから、体育の授業を苦痛に感じたり、ひどい場合には運動会の前に腹痛を起こしてしまったりします。

鉄棒の逆上がりやなわとびができない子はめずらしくありませんが、最近ではブランコのこぎ方がわからないという子もいます。

なかには、運動が苦手というだけでなく、日常生活にも支障をきたしてしまう例もあります。自分の足に引っかかって転倒したり、転んだときに反射的に受け身の体勢をとることができず、顔から地面に突っ込んでしまったりする子も増えているといいます。

文部科学省の「体力・運動能力調査」を見ても、小学生の運動能力が落ちていることを確認できます。

１９８４年の９歳男子は、50メートル走を平均９秒41で走っていましたが、２００８年の平均は９秒65です。女子は９秒76から９秒93に落ちています。

立ち幅跳びは、１９８４年の男子平均が１５９・06センチなのに対し、２００８年は１４７・12センチ。女子もまた、１４９・83センチから１３８・73センチに落ちています。ソフトボール投げは、１９８４年の男子平均が25・31メートルだったのに対し、２００８年は22・33メートル。女子は14・21メートルから12・50メートルに数字が落ちています。

◉「外で遊んでいるかどうか」で運動能力に差が出る

なぜ、運動が苦手な子どもが増えているのでしょうか。

たくさんの子どもたちと接していると、私が「この動きをやってみよう」と言ったことに対して、「すぐできる子」と「なかなか上達しない子」がいることに気づきます。

「すぐできる子」は、私の言うことを苦もなく実践していくので、走るのもどんどん速くなっていくのですが、「なかなか上達しない子」は、同じことをやろうと思って

子どもの運動能力は落ちている

50メートル走

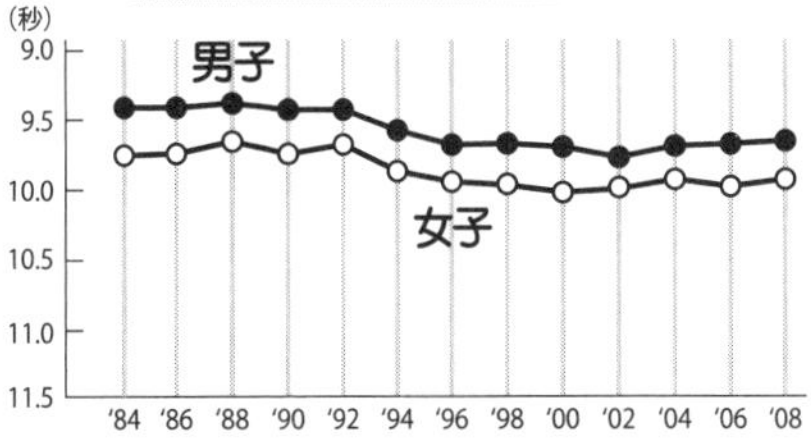

立ち幅跳び

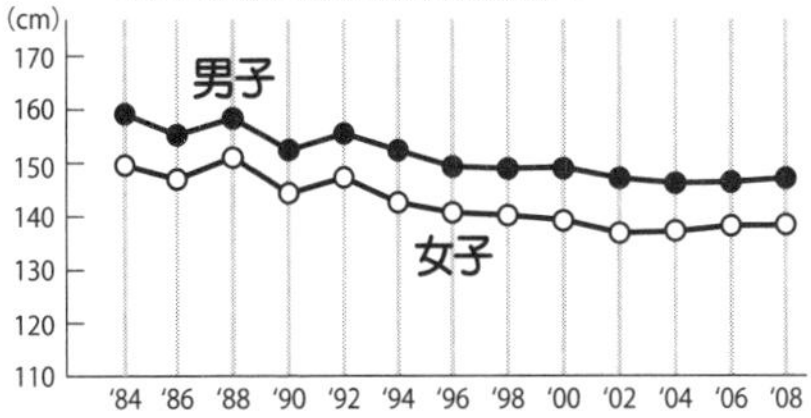

ソフトボール投げ

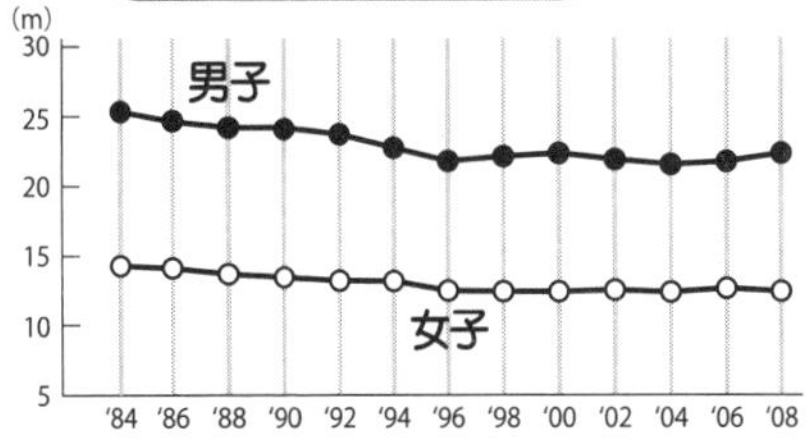

文部科学省「体力・運動能力調査」をもとに作成
(数値はそれぞれ「9歳」の平均記録)

も、体をどうやって動かせばよいかがわからず、戸惑った顔を見せます。

「すぐできる子」と「なかなか上達しない子」の違いは、幼児期からの「遊び」の量の差にあるのではないかと私は考えています。

みなさんも小さいころは、日が暮れるまで外で遊んでいた経験があることでしょう。私も鬼ごっこや缶蹴り、だるまさんが転んだといった遊びで走り回ったり、ジャングルジム、うんてい、のぼり棒、ブランコなどの遊具を使って遊んでいたものです。ジャングルジムやのぼり棒に「のぼる」、鬼ごっこで「走る」、鉄棒などに「ぶら下がる」など、何気ない遊びの動作は、実は子どもの運動能力をアップさせる効果をもっています。つまり、遊んでいるうちに、自然と運動に必要な基礎体力を身につけていたのです。

◉外で遊ぶ環境をつくってあげるのが親の役目

しかし現在は、遊ぶ時間がないほど多忙な子どもが増えています。多くの子どもが、習いごとに通っているからです。これは首都圏ほど顕著な傾向です。

塾、ピアノ、書道、英会話……などなど。極端な家庭だと、週に5～6日は予定が習いごとで埋まっている子どももいます。

受験を目指している子などは、幼児期から塾に通っています。幼稚園や学校から帰ったら、休む間もなく習いごとに通って、夜は学校や塾の宿題もしなければいけません。これでは、遊ぶひまなどありません。

また、習いごとが少なくて遊ぶ時間がある子どもでも、昔と比べれば、外で遊ぶ時間は減っています。気軽に遊べるような公園や空き地が減ったこと、ゲーム機など室内で楽しむ遊びが増えていることなどが原因だと考えられます。

つまり、昔と比べて、今の子どもたちは、遊ぶ時間が圧倒的に不足しているために、運動に必要な基礎体力が身についていないのです。逆に、幼児期から外で遊んで過ごしてきた子は、どんな運動やスポーツをしても、どんどん上達します。

私は、幼児期から小学校低学年までにいかに遊ばせるかが、「運動のできる子」と「運動のできない子」の大きな分岐点になると考えています。とくに0歳から6歳までの時期は、その後の運動能力を大きく左右します。

しかし、6歳を過ぎてからでも決して遅くはありません。ですから、お父さん、お母さんは、できるだけ子どもが外で遊べるような環境をつくってあげてください。友だちと外で一緒に遊ぶのを促すことは大切ですし、幼いうちは公園で一緒になって遊んだり、スポーツをしたりするのも効果的です。

受験をするのも習いごとをさせるのも、各家庭の教育方針ですから、それに対して非難するつもりはまったくありません。ただし、過度に勉強に偏り、運動を軽視しすぎるのは、あまりおすすめできません。

複数の習いごとをさせるのであれば、そのうちのひとつだけでもよいので、水泳などのスポーツ系を取り入れていただきたいと思っています。小さいころに少しでも運動の経験をさせることが、「そのころにしか獲得できない能力」を身につけることにつながるからです。**比率としては、勉強8、運動2でもかまいません。**

幼いころから外での遊びや運動を習慣にすることによって、将来の子どもの運動神経は大きく発達することになります。運動をはじめるのが早ければ早いほど、子どもの運動能力は向上していきます。

もしかしたら、「自分の子どもはすでに小学校の高学年だから手遅れだ」と思うお父さん、お母さんもいるかもしれません。しかし、「手遅れ」ということは決してありません。

高学年になっても、適切なトレーニングを積むことによって、運動能力を一定のレベルまで高めることは可能ですから安心してください。トレーニング方法は、第4章で紹介しますので、そちらを参考にしてください。

「運動音痴」を子どものせいにしていないか？

◉運動能力は遺伝する？

「自分の子どもは、生まれつき運動音痴だから運動ができないんだ」
「親が走るのが遅かったから、子どもも足が速くならないんだ」

このように、子どもの運動能力が高くないことを、生まれつきの才能や遺伝のせいにしていないでしょうか。

たしかに、オリンピックに出場するようなアスリートや、プロの世界で活躍するスポーツ選手は、生まれつきの才能があったからこそ、人並外れた成績を残しているのかもしれません。１００メートルで10秒を切るような選手は、筋肉のやわらかさや反射神経が、他の人よりも遺伝的にすぐれているのかもしれません。

しかしそれは、世界の舞台やプロの世界で活躍する一流のアスリートにかぎった話だと言ってよいでしょう。

そもそも、運動音痴や運動神経といったものは、遺伝するのでしょうか。

もちろん、身長や体重、骨格や筋肉のつき方などは、ある程度、親から子へ遺伝すると考えられます。大人になるにしたがって、親と子の体つきはだんだんと似てくるものです。

とはいえ、一流のアスリートの子どものすべてが一流のアスリートになれるとはかぎりません。親の遺伝子ですべてが決まるとしたら、オリンピックに出場した親の子どもは、みんなオリンピックに出場できないとおかしいでしょう。

◉運動能力は「経験」の量で決まる

私は、子どもの運動能力を左右するものは、「経験」だと思っています。もちろん、遺伝も少しは関係するでしょうが、運動能力のほとんどは、「やったことがあるか」「やったことがないか」で決まります。

たとえば、子どものころにスキーをやっていた人は、大人になって久しぶりにスキーをやっても、ある程度練習すれば、体の使い方を思い出して滑れるようになります。しかし、大人になってからはじめてスキーをやる人は、何倍もの時間をかけないと滑ることはできません。また、一度、自転車に乗れるようになった人は、しばらく乗っていなくても、すぐに乗ることができます。

運動以外でも同様です。ピアノをずっと習ってきた子は、習ってこなかった子よりも演奏の上達は早いですし、毎日勉強をする習慣が身についている子は、遊んでばかりいて勉強をあまりしていない子よりも成績はよいはずです。

つまり、子どもの運動能力についても、走ったり、跳んだり、ぶら下がったりといった経験があるかないかによって、大きく差がついてしまうのです。ということは、もしも子どもの運動能力を高めたいと思うのであれば、運動をしたり、外で遊びまわったりする環境を整えてあげればよいのです。

ところが、なかには「自分の子は運動音痴だから」と嘆いているだけのお父さん、お母さんもいます。親が子どもに「おまえは、運動音痴だから仕方がないんだ」などと言ってしまったら、子どもは運動ができないと思い込んでしまい、ますます運動から遠ざかってしまいます。

一般的にいわれる「運動音痴」や「運動神経がない」というのは、生まれつき運動能力がないということではなく、「それまで運動をする経験が人よりも少なかった」こととと、「できないと思い込んでやろうとしなかった」ことを意味するのです。

「運動音痴だから」というのは、言い訳にすぎません。運動の経験を積むことによって、どんなに運動に苦手意識をもっている子どもでも、確実に運動能力は上がっていきます。

だから、「うちの子は足が遅い」といって、悲観する必要はまったくありません。

運動したり、走ったりする環境さえあれば、どんな子どもでも速く走ることができるようになります。その環境をつくってあげるのは、お父さん、お母さんの役目なのです。

足の速い遅いは、「速くする方法」を知っているかどうかで決まる

◉走るフォームでタイムは大きく変わる

繰り返しになりますが、足が速いかどうかは、生まれつきの才能だけでは決まりません。運動の経験をどれだけ積んでいるかによって大きく左右されます。

このように言うと、「うちの子どもは、あまり外で遊ばせてこなかったから、もう手遅れだ」と思うお父さん、お母さんもいるかもしれません。

安心してください。**運動をはじめる時期は、早いに越したことはありませんが、遅すぎるということもありません。**体を動かすだけで運動能力は向上し、足は速くなっていきます。

しかも、身長が高くなるだけでも、自然とタイムは上がっていくものなので、「もうダメだ」とあきらめる必要はないのです。

足を速くするためには、「遊びや運動の経験」以外にも大切なことがあります。

それは、「走るフォーム」です。

速く走るための方法を知っているかどうかで、足の速さにも雲泥の差が開いてしまうのです。

子どものころに外でたくさん遊んで、基礎的な運動能力が身についている子どもであっても、フォームがきれいでないと、思うようにタイムは上がりません。しかし、ひとたび美しいフォームを身につければ、どんどんタイムは上がっていきます。

私が子どもたちを指導するときには、フォームなど走り方のポイントをひとつずつ教えていきます。すると、ひとつのポイントを改善しただけでも、ほとんどの子どもたちはタイムを大きく縮めます。

◉「ももを高く上げる走り方」は日本人に向いていない

フォームが足の速さに大きく影響するのは、近年の日本人アスリートの活躍を見てもあきらかです。

2003年の世界陸上パリ大会では、200メートルで末續《すえつぐ》慎吾選手が3位に入り、この種目で日本人としてはじめて銅メダルを獲得。2008年の北京オリンピックでは、運も味方したとはいえ、朝原宣治《のぶはる》選手をはじめとする男子チームが400メートルリレーで銅メダルを獲得しました。

黒人選手の独壇場であった短距離種目で、体型的に不利だとされている日本人がメダルを獲得するのは快挙だといえます。

こうした快挙の裏には、ある常識が覆されたことが影響しています。

みなさんも昔、「速く走るためには、ももを高く上げて、地面を蹴るようにして走りなさい」と教えられた経験があるかもしれません。長い間、日本ではこのような走り方が常識だとされてきました。

しかし近年になって、このような走り方は、日本人には合っていないということが判明したのです。

「ももを高く上げて、地面を蹴る走り方」というのは、カール・ルイスが活躍した1980〜1990年代くらいから推されはじめました。みなさんも、足を高く上げて、力強く地面を蹴るようなカール・ルイスの走り方が記憶に焼きついているかもしれません。

しかし、この走り方は、黒人選手だからできたのです。黒人選手は、骨盤が上がっていて足が長いのが身体的特徴です。だから、ももを高く上げても、腰を落とすことなく走れます。

一方、日本人は、黒人選手に比べると骨盤が低い位置にあって足が短いので、ももを高く上げると、腰が落ちてしまいます。すると、重心が後ろに移動し、体重が後ろ向きの方向にかかってしまいます。これでは進行方向に前進する力を乗せることができません。

実は、「ももを高く上げて、地面を蹴る」というのは、日本人には不向きな走法だったのです。

◉日本人の体型に合った走り方をする

では、現在の日本のトップアスリートの間で主流となっているのは、どんな走り方でしょうか。

それは末續慎吾選手の走法に象徴されるように、「ももを高く上げずに、ひざを前に出す走法」です。地面を強く蹴るのではなく、ひざをぐんぐん前に出し、足のついたところに体を乗せていくイメージです。

女子100メートル、200メートルの日本記録保持者で、2010年の広州アジア大会では100メートル、200メートルの両種目で金メダルを獲得した福島千里選手や、アメリカ大リーグで活躍し、俊足巧打で知られるイチロー選手を見ても、ももを高く上げるのではなく、ひざを前へ前へ出すような走法であることが確認できるはずです。

このような「ももを高く上げずに、ひざを前に出す」という走り方が日本人の体型に合った走法として確立されたことにより、日本人は世界のトップクラスに一歩近づくことができたといえるでしょう。

もちろん、幼稚園児や小学生の子どもに、「末續選手や福島選手の走り方をまねしなさい」と言っても、実際にどのように走ればよいかわからないと思います。当たり前のことですが、彼らのフォームをすべてマスターするのは、普通の子どもには無理です。

ただし、いくつかのフォームのポイントをマスターすれば、見違えるような走り方に変わります。

日本人の体型に合った走り方

ももを高く上げる走り方

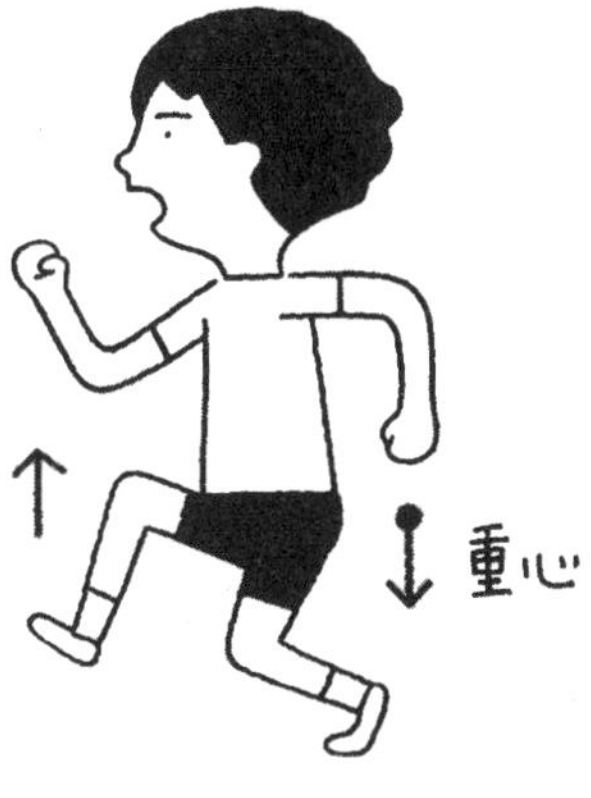

ダメなポイント

◎ももを上げすぎると重心が後ろに下がってしまい、前方向への推進力が生まれない

ひざを前に出す走り方

ポイント

◎ひざを前に出すような感覚
◎着地したときに、体重を乗せるイメージ

そのポイントについては、順を追って説明していきますが、ここではひとまず、「正しいフォームを身につければ、もっと足は速くなる」ということを覚えておいてください。

「正しい走り方」を身につければ足は速くなる

◉「ひざを前に出す」を感覚で理解する

正しい走り方のフォームに変えるだけで、タイムはどんどん速くなっていきます。いくつかのポイントがあるのですが、ここでは、とくに結果が出やすい3つのポイントに絞ってお話ししましょう。

1つ目は、先ほど述べたとおり、ももを高く上げるのではなく、ひざを前に出すような感覚で走ることです。**ひざを出して着地したときに、そこに体重を乗せるイメージで走ると、前方向への推進力が生まれます。**

しかし、このような言葉で説明しても、小さい子どもはピンと来ないでしょうし、かえって混乱してしまうでしょう。

ですから、私がこれを教えるときは、「ミニハードル」という高さ10〜20センチの小さなハードルを使います。これらを等間隔に並べて、そのハードルの間に足を入れて走らせるようにします（詳しくは171ページで述べています）。この方法だと、「ひざを前に出す」という走り方を、理屈ではなく、感覚で理解することができます。

◉ひじは90度の角度に曲げる

2つ目は、腕振りです。正しい腕の振り方に変えるだけでも、走り方のフォームは段違いに良くなります。

足が遅い子によくあるのは、ひじを伸ばしたまま走るケースです。ひじを伸ばしたまま走ると、体のバランスがとりにくくなりますし、走っている最中に腕を伸ばしたり、曲げたりして余計な動作が増えるため、腕振りのスピードが上げられません。そうなると、必然的に足の回転も遅くなります。

腕は、ひじで90度の角度をつくって、前後に大きく振るのが理想です。90度を保ったまま腕を振れば、腕振りのスピードは落ちませんし、速く振れば振るほど足の回転は速くなります。

また、足の運びとのバランスをとりやすく、腕振りでつくったエネルギーを腰の回転を通して、足に伝えやすくなります。

◉手のひらは「グー」ではなく「パー」

3つめは、手のひらの形です。走るときは、手のひらを「グー」ではなく、「パー」にしたほうがスピードが上がります。

グーにして握りこぶしをつくったほうが力が入るような気もしますが、実は、肩に力が入りすぎてしまい、かえって逆効果になってしまいます。

陸上選手やスポーツ選手の手の握りに注目してもらうとわかりますが、多くの人がグーではなく、パーで走っています。

また、トップアスリートは、手のひらの向きが下（地面）を向いています。イチロー選手や福島選手などの走り方を見ても、やはり下向きです。

腕を振るという動作は、肩を構成する骨のひとつである「肩甲骨」が大きくかかわっています。この肩甲骨の可動域が大きくなればなるほど、腕を速く、強く振ることができます。

手のひらを下に向けた状態で走ると、この肩甲骨の可動域が広がるので、より速く

走ることができるというわけです。

もしも可能でしたら、2人1組になって、肩の後ろにある肩甲骨を触ってみてください。手のひらが下を向いた状態で腕を振るときのほうが、手のひらが下を向いていない状態で腕を振るときよりも、肩甲骨がダイナミックに動いていることを実感できると思います。

このようないくつかのポイントを教えるだけで、子どものタイムは上がります。私のところにはじめてやってきた子どもに、これらのポイントを修正して走ってもらうと、多くの子どもは0秒5くらいタイムが向上します。

足が遅いと思っている子も、正しいフォームで走れば、劇的にタイムが上がることがあるのです。正しいフォームを知って走るだけで、大きな差が生まれるのですから、知っておいても損はありません。

腕の振り方を変えるだけで足は速くなる

足が遅くなる腕の振り方

ダメなポイント

◎ひじを伸ばしたまま
◎手のひらはグー
◎手のひらが上や横を向いている

足が速くなる腕の振り方

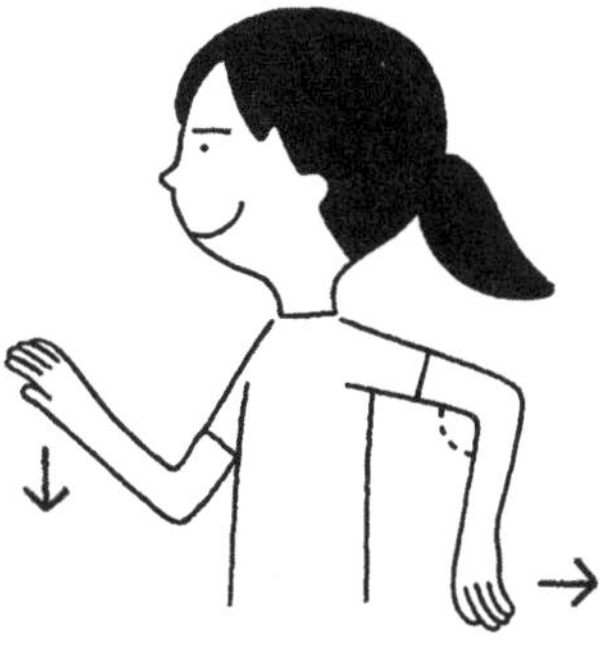

ポイント

◎ひじは90度
◎手のひらはパー
◎手のひらは下に向ける

正しく走ることができれば、スポーツの上達も早い

◉運動の基礎が身についていないと応用がきかない

「はじめに」でも書いたように、「野球を習わせているのですが、なかなか成果が出ません。どうしたらよいでしょうか?」といった相談をお父さん、お母さんから受けることがよくあります。

もしかしたら、読者のみなさんのなかにも、「サッカーをさせているのですが、『うまくならないからやめたい』と子どもが言って、困っています」「スポーツクラブに通わせているのですが、『体調が悪い』と言って休みがちなんです」といった悩みを抱えているお父さん、お母さんもいるかもしれません。

しかし、幼いころから遊ぶ習慣のない子や、日常生活のなかで運動をしてこなかった子どもたちに、いきなり「このスポーツをやりなさい」「もっとうまくなるように練習しなさい」と言っても、なかなか上達はしないでしょう。

なぜなら、遊びや運動のなかで、全力で走ったり、とび跳ねたり、ぶら下がったりといったことをしてこなかった子どもたちは、基本となる運動能力が備わっていないからです。

お父さん、お母さんは、「スポーツや競技を通じて運動が得意な子になってもらいたい」と考えているのかもしれませんが、親の気持ちを無理やり押しつけるだけでは子どもたちがかわいそうです。

野球やサッカー、水泳、武道などを教えるコーチや指導者は、そのスポーツや競技が上達するためのテクニックや方法などは、教えてくれるかもしれません。

しかし、基礎となる運動能力の鍛え方から教えてくれるコーチや指導者は多くはないでしょう。彼らは、「基本的な運動能力が身についている」ことを前提に指導をするからです。

たとえば、野球などでボールを投げる動作は、肩、腕、胸、手首など上半身の筋肉を主に使うイメージがあります。しかし、投げるときには足などの動作もともなうので、下半身の筋肉の動かし方も重要になりますし、バランス感覚なども求められます。

つまり、ボールを投げるという動作ひとつでも、全身を使うことになるのです。

だから、子どものころに「投げる」という動作をほとんどしてこなかった子は、いざ野球のボールやソフトボールを投げようとしても、フォームがめちゃくちゃになって、遠くまで飛ばすことができません。そんな子どもたちに、「もっと速い球を投げなさい」「もっと遠くに投げなさい」と言っても戸惑うばかりでしょう。

一方、子どものころから、ドッジボールや草野球をしている子どもたちは自然と、遠くまでボールを投げる体の使い方を体得していきます。体の使い方の基本ができていて応用もきくので、適切な指導をすると、どんどんうまくなっていきます。

こうして、上手な子と、上手ではない子の差がどんどん開いていってしまいます。

先ほども述べたように、単に「経験」をしているかどうかが、その後のスポーツや運動の上達にも大きく影響を与えてしまうのです。

◉「走る」ことが上達へのいちばんの近道

もしも自分の子どもが、まだ幼児期、小学校低学年であれば、どんどん外で遊んだり、運動したりできる環境をつくってあげてください。そのなかで、子どもたちは、自然と運動能力を高めていくことになります。

なかでも、「走る」ことは、すべての運動の基本となります。もしも「うちの子は、運動が苦手かな」と思ったら、まずは、かけっこからはじめることをおすすめします。**なぜなら、走ることは、基本となるフォームを身につければ、確実に速くなるからです。**自分の成長を「タイム」という数字で実感できます。

「速くなった」という結果が出れば、当然、子どもたちは、「よし、もっとがんばろう」という気持ちになり、もっと練習をします。かけっこが速くなれば、基礎的な運動能力が高まるので、他のスポーツや運動でも結果が出るようになります。

このようなプラスの循環が生まれれば、どんどん運動が好きになり、運動能力が向上していきます。

つまり、「走る」ことは、努力が成果になってすぐに表れるので、子どもたちにやる気を出させる特効薬だといえるでしょう。

反対に、基礎となる運動能力が高まっていない段階で、人と比べたり、勝ち負けの結果が出たりするようなスポーツや競技をはじめてしまうと、負け続ける子はどんどん自信を失ってしまい、そのうち運動が嫌いになってしまいます。一度、嫌いになったものを好きになるのは、困難を極めます。

このようなマイナスの循環を生み出さないためにも、自分の努力が目に見える成果に直結する「走る」ことからはじめるのが理想的です。

まわり道に思えるかもしれませんが、「走る」能力を向上させることが、他のスポーツや運動が上達する近道になります。

自分の子どもが小学校の高学年以上であっても、まずは「走る」ことからチャレンジさせるのがよいでしょう。

どんなに運動が苦手な子であっても、「足が速くならない」というケースは絶対にありません。どんな子でも足は速くなります。

適切なフォームをマスターすれば、確実にタイムは上がっていきます。「自分の足が速くなる」という体験をすることによって、それが自信に変わり、運動への苦手意識も徐々になくなっていくはずです。

「できる」「うまくなる」といった経験は、大きな自信になります。成功体験は、これからの人生を生きるうえでも大切な宝物となります。

「自分の子どもは、運動音痴だからもう手遅れだ」とは、絶対に考えないでください。

そのようなレッテルを貼ると、子どもは「どうせ自分にはできない」とすぐにあきらめてしまいますし、子どもの将来の可能性をつぶすことにもなってしまいます。

◉大人になっても新しいことにチャレンジできる体をつくる

子どものころに、「走る」「跳ぶ」「ぶら下がる」「投げる」といった基本的な運動能力を身につけておくと、子どもが成長して大人になってからも、応用がきくようになります。

たとえば、大人になって、ゴルフやテニス、スキー、スノーボードをはじめるときも、基本的な運動能力があれば、あまり時間をかけることなく上達していきます。「こういう動きをするときは、体のこの部分をこのように動かせばいい」と脳と体が自動的に反応するからです。ここでもやはり、遊びや運動の「経験」がモノを言うのです。

一方、基本的な運動能力が身についていないと、大人になって新しいことをはじめようとしても、なかなか上達しないので、人一倍の努力が必要になります。

子どものころに運動能力を高めておくことは、大人になって新しいことにチャレンジするときに、大きな力を発揮します。**新しいことにチャレンジしやすいと、人生がより充実するというのは疑いようもない事実です。**

子どもの将来の長い人生を考えれば、「走る」などの運動や遊びを日常生活に取り入れることが大事だといえるでしょう。

速く走れるとプラスの循環が生まれる

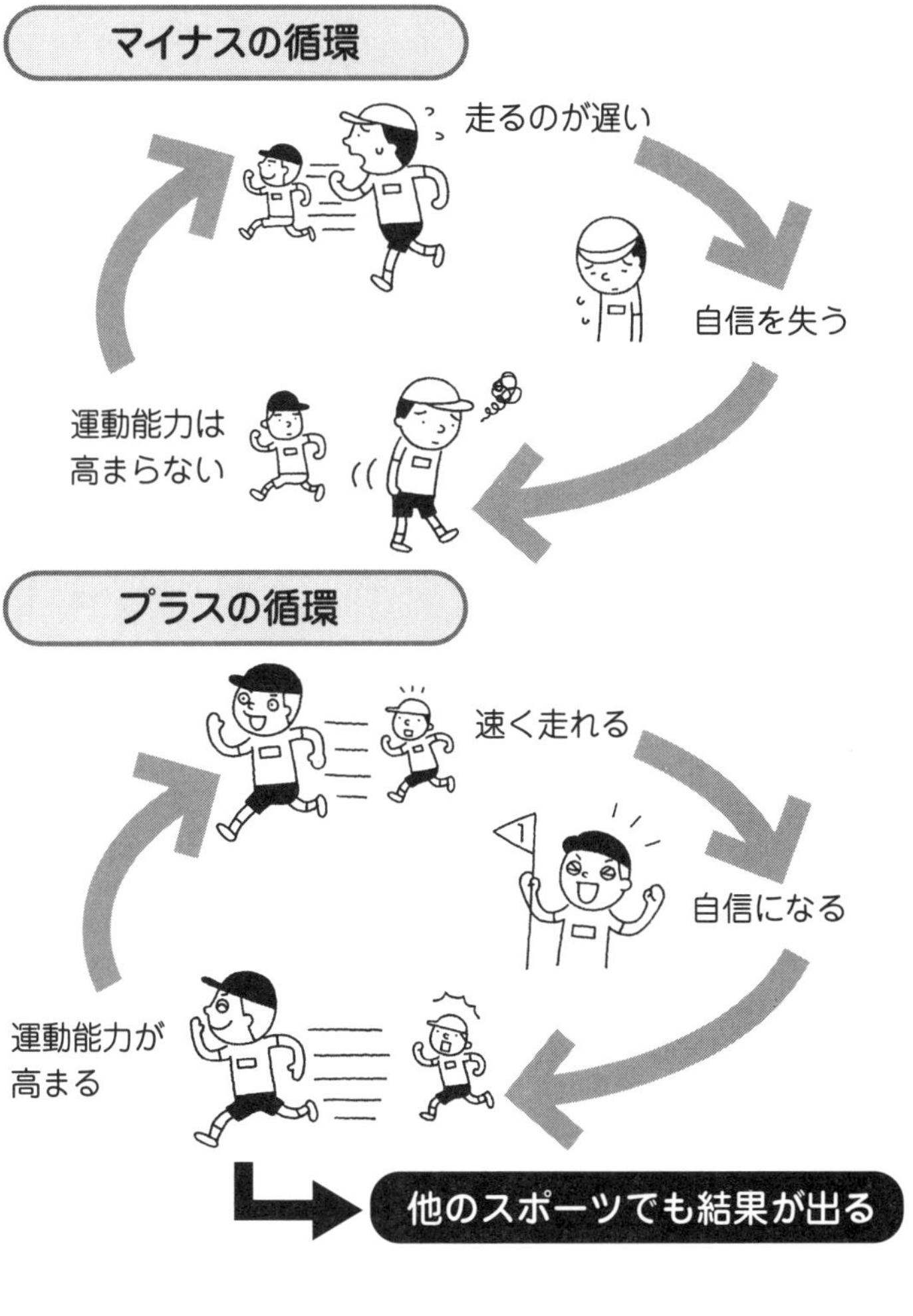

第2章

「足が遅い原因」はメンタルにある！

運動にはメンタルが大きく影響する

◉ネガティブなイメージをもつと力を発揮できない

運動をするうえで、精神的（メンタル）な部分は大きなウエートを占めています。

たとえば、陸上選手などのアスリートが、レースや試合の前にヘッドフォンをつけてウオーミングアップしている姿を見たことがあると思います。あれは、自分の好きな曲を聴くことで過度の緊張をほぐしたり、気持ちを高めたりしているだけではなく、周囲の雑音を排除し、集中力を高める目的でしている選手が多いのです。

また、イメージトレーニングに集中するためでもあります。**自分が1番でゴールするシーンや理想的な体の動かし方などを疑似体験することは、自分の能力を最大限に引き出す効果があります。**

反対に、「もしも失敗してしまったらどうしよう」「きっと1番は無理だろう」といったネガティブなイメージをもってレースや試合に臨んでしまうと、体がこわばったり緊張したりしてしまい、実力を発揮できないこともあります。

また、100メートル走などでも、走っている途中で隣のレーンのライバルと並んだときに、「抜かされてたまるか」と考えると、余計な力が入り、体が硬くなってしまいます。このような状態になると、普段の力が発揮できず、相手を追い抜くことはできません。

しかし、平常心で走ることができれば、自分の力を最大限に発揮できるので、相手に勝てる可能性が高くなります。

このようにメンタルの状態は、運動能力に大きく影響します。運動能力を最大限に引き出すためには、精神面にも目を向ける必要があるのです。

◉「足の速さ」の半分はメンタルが占める

「メンタルの状態が運動能力を左右するといっても、一流のアスリートにかぎった話で、子どものかけっこレベルではあまり関係ない」と思う人もいるかもしれません。

しかし、この認識は誤っています。**走るのが遅い子や運動が苦手な子は、メンタル**

の部分が原因で実力を発揮できていない可能性が高いのです。

もちろん、「正しい走り方のフォームを身につける」といった技術的なことでも、ある程度タイムは上がります。**ただ、テクニックだけでは限界があります。速く走るコツを教えても、メンタルの部分の不安を解消してあげられなければ、タイムは頭打ちになってしまいますし、走ることに対する苦手意識は払拭できません。**

運動をしない子、運動が苦手な子は、基本的な体の動かし方がわからないため、どうしても「できないこと」が多くなります。

残念ながら、子どもたちは、「できないこと」に対しては本気で取り組もうとはしません。なぜなら、「できないからつまらない」「本気を出して負けたら恥ずかしい」というマイナスの意識が先行してしまうからです。

さらに、運動会のかけっこなどで最下位になってしまったら、「もうかけっこなんて大嫌いだ」というネガティブなイメージをもってしまうでしょう。このような精神状態で練習をしても、嫌々やらされているというかたちになってしまうので、タイムも上がっていきません。

勉強も同じです。算数の問題がわからなくなってつまずいてしまうと、それをきっ

「足の速さ」の半分はメンタルが占める

足の遅い原因

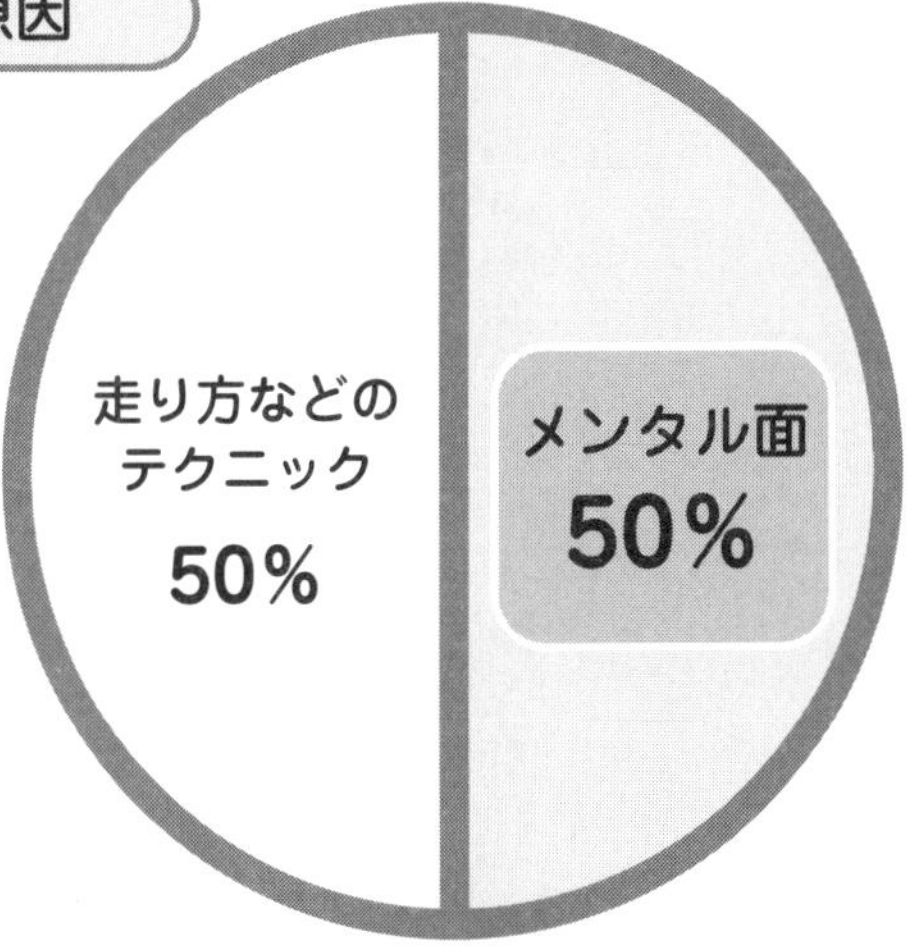

**メンタルを変えて
あげれば、
子どもはどんどん
速く走れる
ようになる!**

かけに授業についていけなくなり、テストの点数も悪くなります。そうなると、算数そのものに対して苦手意識をもってしまい、「がんばろう」という意欲が失せてしまいます。嫌いなものを勉強するというのは、苦痛でしかありません。

つまり、走ることにネガティブなイメージを持ち続けているかぎり、どんなに練習をさせてもタイムはあまり上がりませんし、走ることが嫌いなままです。

このようなネガティブな意識を取り払わないかぎり、足は速くなりません。その代わり、これを取り払って「走ることが楽しい」というポジティブな印象を植えつけることができれば、タイムはみるみる向上していくでしょう。

走るのが苦手な子にかぎれば、足が速くなるかどうかは、5割以上はメンタル面が影響しているといっても過言ではありません。「速く走るコツ」といったテクニックは、半分ほどしか効果をもたないといってよいでしょう。

足の遅い原因は親の言動にある

◉走りを否定すると子どもは委縮してしまう

子どもが速く走るためにいちばん大切なことは、伸び伸びと楽しんで走ることです。

ところが、いちばん応援してあげなければならないお父さん、お母さんの言動が、子どもを委縮させているケースが少なくありません。

たとえば、足の遅い子のお父さん、お母さんは、こんな言葉を無意識にかけている可能性があります。


「そんな走り方では、全然ダメ!」

「なんでできないの!」

「昨日はできたのに、今日はなんでできないの!」

「○○くんはできるのに、あなたはなんでできないの！」

足が遅いことを全否定されたり、友だちと比べられたりすると、子どもはますます自信をなくし、委縮してしまいます。否定されたり、比べられたりすることがわかっていたら、「走る」という行為自体が嫌いになってしまいます。

また、親同士の会話のなかで、

「うちの子は、足が遅くてどうしようもないんですよ」

と言ってしまうお父さん、お母さんも少なくありません。親が自分のことを「足が遅い」と言っているのを聞いたら、子どもは傷つくでしょうし、「自分はダメなんだ」というネガティブな感情に支配されてしまいます。

お父さん、お母さんとしては、友だちのお父さん、お母さんの前で謙遜しているつもりなのかもしれませんが、子どもに「謙遜」という考え方は通じません。子どもが近くにいるときは、

「この子は今、がんばっているんですよ」

「今は、まだタイムは良くないけど、一生懸命に特訓中なんですよ」

というように、ポジティブな表現を使うような配慮が必要でしょう。

走るのが遅い子は、自信を失っています。そんな子に対して、さらにプレッシャーをかけるような言動をとると、ますます走ることに対して臆病になり、苦手意識を増幅させる結果になってしまいます。

◉指導をする前にやるべきことがある

足の遅い子のほとんどは、理想とされるフォームからはかけ離れた走り方をしているものです。極端に内股、もしくはガニ股だったり、ひじを伸ばしたまま腕を振っていたり、首を激しく振っていたり……。正直、美しいとはいえない、不格好な走り方です。

このようなクセをもった走り方をしている子は、まわりの子どもたちから「走り方がおかしい」と笑われたり、バカにされたりしているケースも少なくありません。本人は一生懸命に走っているつもりでしょうから、笑われたりしたら傷つき、自信を失ってしまいます。

そんな子どもの走り方に対して、横から口を出す親もいます。

「走り方が変だぞ！」
「そんな走り方では速く走れないよ！」
「ガニ股を直しなさい！」

お父さん、お母さんとしては、子どもに速く走ってもらいたい一心で、叱咤激励をしているのかもしれません。しかし、頭ごなしに「おかしいぞ！」「直しなさい！」と言われても、子どもはどうしたらよいかわかりません。ますます走るのが嫌いになる一方でしょう。

私のレッスンに来る子どもたちも、最初は、おせじにも走り方がきれいとはいえません。言葉は悪いかもしれませんが、「汚い走り方」です。

いちばんはじめのレッスンでは、簡単な準備運動を終えたら、まず50メートルのタイムを計ります。たいていの子は、私に家庭教師を頼むくらいですから、平均よりも遅いタイムが出ます。走り方もめちゃくちゃなので、改善しなければいけない部分はたくさんあります。

子どもを委縮させてしまうNGワード

そんな走り方では
速く走れないよ!
走り方が変だぞ!
ガニ股を直しなさい!
なんでできないの!
全然、ダメじゃないか!
うちの子は、足が遅くてどうしようもないんですよ

だからといって、私は「全然、ダメじゃないか！」と子どもを非難することはありません。それどころか、「腕の振り方を直さないといけないよ」といった具体的な指示をすることもありません。

子どもが走り終わった直後に、このような言い方をしています。

「この走り方で10秒台なんてすごいよ！　もしもよくないところを全部直したら、すごく速くなるよ！　楽しみだなあ」

つまり、ほめて、ほめて、ほめまくるのです。

◉「ほめる」ことが足を速くするための第一歩

運動に苦手意識をもっている子どもは、運動をしてほめられる機会が多くありません。むしろ、叱られたり、バカにされたりするケースのほうが多いでしょう。

そんな子どもは、「ほめられる」という体験がとても大切になります。ほめられることによって、苦手意識が少しずつ取り払われ、やる気が出てきます。気持ちが前向きになれば、自分から練習をがんばるので、フォームも改善されていきますし、必然的にタイムも上がっていきます。

私が指導している子どもたちは、最初は自信がなさそうだったり、親に嫌々連れられてくるケースがほとんどです。**しかし、きれいとはいえない走り方でも、ほめてあげると、しだいに「もっと教えて」というポジティブな反応が返ってくるようになります。**

お父さん、お母さんが、子どもの走り方を見てあげるときは、最初はどんなに汚い走り方であっても、「最後まで全力で走れたね! これでフォームを直したら、どれだけ足が速くなるんだろう! わくわくするなぁ」と、希望をもたせる声をかけてあげてください。少しオーバーなくらいでもかまいません。そのほうが、子どもの心に伝わり、喜びます。

最初はお父さん、お母さんも「速くなる走り方を教えるぞ!」と力が入っているので、いきなり「ここがダメだ」などというようにあれこれ教えたくなるものですが、この段階ではグッとこらえる必要があります。

まずは、弱点もひっくるめてすべてをほめてあげましょう。走ることに苦手意識をもっている子どもに、自信をつけさせることが第一歩なのです。

ただし、口先だけでほめても、その効果は続きません。子どもは感受性が豊かですから、「本心からほめているわけではないな」と感づいてしまいます。

お父さん、お母さんは「自分の子どもは、がんばれば足が速くなるはず」と子どもの可能性を信じてあげてください。

心理学には、「ピグマリオン効果」という言葉があります。

ある小学校での実験によって、「『この子は成績が伸びるに違いない』と教師が期待すると、その子の成績が本当に伸びる」ということが証明されました。

教師の期待感が、無意識のうちに教師の声かけや表情、態度によって子どもに伝えられ、その期待に子どもが応えようとした結果、本当に成績が上がったのです。

相手に熱い期待をすると、相手はその期待に応えようとします。

ですから、お父さん、お母さんが子どもと正しく向き合えば、子どもはその期待に応えようと、練習をがんばって速くなるための努力をします。

反対に、「この子は、速く走れるわけがない」と、最初からあきらめてしまうと、仮に言葉に出して言わなくても、子どもには伝わってしまいます。

自信がない子は「ほめて伸ばす」

◉「スパルタ式」は足の遅い子には逆効果

足が遅い子は、「どうせ自分は速く走れない」「練習してもムダだ」とネガティブな思考に陥っているケースが少なくありません。そのような子に対しては、ほめてあげることで、自信をつけさせる必要があります。

指導者やスポーツクラブによっては、きびしく叱ることで子どもを育てるところもあります。

もちろん、スパルタ方式でも伸びる子は伸びます。しかし、すべての子どもが伸びるわけではありません。きびしい指導についていけずに、挫折してしまう子も出てきてしまいます。

このようなスパルタ式の指導法は、明確な目標がある子どもに対しては有効だと思います。

たとえば、「陸上でオリンピックに出たい」「プロゴルファーになりたい」「プロ野球選手になりたい」といった高い目標を見据えている子どもたちは、きびしく叱りつけても目標に向かってがんばることができます。つまり、スパルタ式の叱って伸ばすスタイルは、ある程度、運動能力が高くて、一流を目指している子どもには適しているといえます。

しかし、運動が苦手で、走ることに自信がない子は、きびしく叱りつけると、ますます自信を喪失してしまいます。

叱られてばかりで嫌々走っているのと、自分から「速くなりたい」と思って走るのでは、たとえ同じトレーニングをしていても、上達のペースに大きな差が生まれてしまいます。

私は、スパルタ式の叱って伸ばすスタイルが悪いとはまったく思っていません。一流のアスリートを育てるには、きびしく指導することも大切ですし、実際に多くの優秀な選手がプロの舞台や世界のトップクラスで活躍しています。

ただし、運動が苦手な子に対しては、叱って伸ばすスタイルよりも、ほめて伸ばすスタイルをベースにしたほうが、足はどんどん速くなります。

◉ほんの小さな成長も認めてあげる

運動が苦手な子に走り方を教えるうえでは、「ほめる」という基本のスタイルを忘れてはいけません。

たとえば、1週間、練習をして50メートル走のタイムが0秒1だけ縮んだとしましょう。このとき、みなさんだったら、どのように声をかけるでしょうか。

「あんなに練習したのに、0秒1しか上がっていないじゃないか! もっとがんばりなさい」

このような言い方は、子どもの1週間の努力を全否定することになります。これでは、子どもは「やっぱり、自分はがんばっても速くならないんだ」と一気に気持ちが落ちてしまいます。親が子どものやる気を潰してしまうのです。

子どものメンタルを高めるには、次のような言い方をするとよいでしょう。

「0秒1も上がったね！　すごいじゃないか！　大きな進歩だね」

つまり、ほんの少しの進歩であっても、努力して成長したことを一緒になって喜んであげるのです。

「自分は走るのが遅い」「自分は運動が苦手だ」という子どものネガティブな意識を取り払うには、自分の成長を実感させることが大切です。成長を実感できると、自信になります。すると、子どもに「やればできる」という意識が芽生え、努力する喜びを味わうことができます。

それまでの「やらされている」という感覚から、「自分から進んでやる」という感覚に切り替わり、自主性を発揮するようになります。これは、運動にかぎらず、勉強でも一緒でしょう。

当然、正しいフォームを身につけてタイムを上げるのも成長を実感させることにつながりますが、それだけでなく、常にほめることによって、成長している自分を実感させることも大切です。子どもの成長や努力を否定するような言い方は決してしてはいけません。

小さな進歩もほめてあげる

あんなに練習したのに、0秒1
しか上がっていないじゃないか!
もっとがんばりなさい

0秒1も上がったね!
すごいじゃないか!
大きな進歩だね

子どもの成長をほめるのは、お父さん、お母さんの大事な役目です。子どもは速く走る努力をすることはできても、自分で自分をほめることはなかなかできません。お父さん、お母さんなどまわりの人しか、子どもをほめることはできないのです。

どんどんほめることで、子どもに「自分が成長している」という実感を与えてあげてください。

「部分肯定、部分否定」でやる気が持続

◉一歩ずつ確実にステップアップする

私が子どもたちに走り方のフォームを指導するときには、ひとつずつ順番に教えるように心がけています。

「ひじは90度に曲げて、足はひざを前へ前へ出すようにして、首は振らずにまっすぐ前を見て……」

というようにいっぺんに教えても、子どもの頭は混乱してしまいます。大人でも、一気に「あれもこれもやってみろ」と言われても、完璧にこなすのはむずかしいと思います。

ですから、ひじが伸びた状態で走っている子には、「まずはひじを90度に曲げて走ってみよう」と、首を振って走っている子には、「まずは首をまっすぐにしたまま走

ってみよう」というように、改善ポイントをひとつだけ指摘します。

改善の優先順位としては、**①背筋が伸びて、前傾姿勢になっているかどうか→②腕がしっかり振れているかどうか→③足をうまく運べているかどうか**の順に直すとよいでしょう（①、②については167ページ、③については171ページの「ミニハードルトレーニングのポイント」でより詳しく解説しています）。

そして、実際にうまく走れたら、「よくできたね！」とほめてあげて、次の改善ポイントに焦点を合わせます。このようにひとつずつ課題をクリアしていくと、頭のなかが混乱しませんし、確実に理想のフォームに近づいていきます。もちろん、フォームの改善に合わせて、タイムも上がっていきます。

このように、階段をのぼるように一段一段とステップアップしていくと、子どもは「ぼくはできる」「私は成長している」という実感をもつことができ、加速度的に上達していきます。

◉「全否定」すると自信を失ってしまう

ただし、現実にはすべてのトレーニングが順調に進むわけではありません。

前日できていたことが翌日にはできなくなることもありますし、新しい改善ポイントに集中するあまり、クリアしたはずの欠点がもとに戻ってしまうこともあります。

このようなときは、

「なんで昨日できたことができないの!」

「また、悪いときに戻っているよ。何度言ったらわかるの!」

などと、思わずダメ出しをしたくなるかもしれません。

しかし、子どもはステップアップしようと思って一生懸命にやっています。そんなときに全否定をするような言い方をすると、また自信を失っているころの精神状態に戻ってしまいます。

このようなときは、「部分肯定・部分否定」するのがポイントになります。つまり、全否定をするのではなく、良いところと悪いところを両方指摘してあげるのです。

たとえば、前日、腕の振り方をマスターしたにもかかわらず、翌日は首を振らずにまっすぐ前を見て走ることに集中するあまり、腕の振りがおろそかになってしまったとしましょう。

そのとき、「腕の振り方がもとに戻っている! ダメじゃないか!」と怒鳴ってしまうと、全否定になってしまいます。

一方、「まっすぐ前を見て走れていたね。すごい進歩だよ！　ただ、ひじが90度になってなかったよ。次は、腕の振り方にも注意しようね」という具合に、うまくできた点をほめたうえで、できなかった点を指摘すれば、子どものテンションを下げることはありません。

どんなに足が遅い子であっても、かならずひとつくらいは、良いところがあります。私が子どもにはじめて走り方を教えるときも、できるだけ良いところを見つけて、指摘してあげます。

たとえフォームがめちゃくちゃで、ほめるところがなかったとしても、
「一生懸命、あきらめずに走れたね」
「まっすぐ走ることができたね」
「よく転ばないで走れたね」
というように、ほめる部分は絶対にあります。

悪い点を指摘するときには、同時に良い点も指摘してあげるとよいでしょう。

小さな進歩もほめてあげる

全否定

なんで昨日できたことができないの!

また、悪いときに戻っているよ。何度言ったらわかるの!

部分肯定、部分否定

まっすぐ前を見て走れていたね。すごい進歩だよ!　ただ、ひじが90 度になってなかったよ。次は、腕の振り方にも注意しようね

大人の世界でも同じようなことがいえます。たとえば、職場の上司に企画書を提出したところ、上司から「全然、ダメだ。もう一回やり直しなさい」とすべて否定されてしまうと、一気にやる気を失ってしまいます。

一方、「この企画は、実現性は乏しいけれど、アイデアはすごく面白いよ。このアイデアを活かせるようなプランを考え直してみると、良い企画書になるぞ」とアドバイスをまじえて指摘してもらえれば、「よし、がんばって書き直そう」というモチベーションにつながります。

大人も子どもも関係なく、全否定されてしまうと、心が傷つくと同時に、モチベーションもガクンと下がります。考えてみれば当然のことなのですが、子どもに何かを教えるときには、熱くなりすぎて全否定をしてしまうお父さん、お母さんが多いように感じます。

「できる・できない」では叱らない

◉「やる・やらない」で叱る

ここまでは、「ほめる」をベースに指導することの重要性について述べてきました。しかし、勘違いしてほしくないのは、「ほめる」と「甘やかす」は違うということです。

私が指導をする際は、当然ほめるのがベースですが、ときには大きな声で叱ることもあります。**それは、「やるべきことをやらなかった」ときです。**たとえば、

「おしゃべりに夢中でトレーニングに集中していなかったとき」
「家で腕立て伏せを毎日20回やるとルールを決めたのにやらなかったとき」
「練習後は手を洗うというルールを破ったとき」

など、ルールやマナー、約束事を守らなかったときです。やるべきことだと自分で理

解していながら、やらなかったのですから、私が叱っても子どもは納得してくれるはずですし、叱られたことに対してひきずることはありません。

しかし、「できないことをできなかった」ときは、叱らないように気をつけています。たとえば、はじめて足の上げ方について教えたときに、指示のとおりに動けなくても、叱るようなことはしません。

チャレンジをした結果できなくても、それは仕方がありません。私は努力したプロセスが大事だと思っています。子どもが一生懸命やってできなかったのですから、叱る理由がありません。

このようなときに、「なんでできないんだ！」「なんで言われたとおりにしないんだ！」と感情的に叱ってしまうと、子どもは親や先生に嫌悪感を抱き、走ることも嫌いになってしまいます。

子どもに教えるときには、「やる・やらない」「できる・できない」を区別することを心がけると、感情的に叱らずにすみます。

「やらない」ときは甘やかさずに叱る、「できない」ときは叱らずに説明やアドバイスをする。お父さん、お母さんがこのようなルールをつくって守れば、子どもが叱られてやる気をなくしてしまう、ということもなくなるでしょう。

◉「ほめて伸ばす子」と「叱って伸ばす子」の違い

たくさんの子どもたちのスポーツ指導をしていると、大きく分けて、叱って伸ばしたほうがよい子と、ほめて伸ばしたほうがよい子がいることに気づきます。

叱って伸ばしたほうがよい子は、「自信過剰、悪ふざけが多い、練習に集中していない」といった傾向があげられます。ある程度、要領がよくて運動能力も高い子に多く見られるタイプで、手を抜いたり、最後の最後で流して走ったりします。

だから、このような子に対しては、手を抜いたり、集中できていないときに叱ると、身が引き締まり、練習の効果も高まります。

もちろん、叱って伸ばしたほうがよいといっても、先ほど述べたように「できないこと」を叱ることはしません。走り方のフォームやタイムが悪くても叱りません。**あくまでも、「やらないこと」や練習態度に対して叱ります。**

一方、ほめて伸ばしたほうがよい子は、「まじめで一生懸命、自信がない、マイナス思考」といった傾向があります。

たとえば、まじめで一生懸命な子は、「このように走ってごらん」と言ったことに対して、自分なりにすごく考えすぎてしまいます。だから、教えられたとおりにできないと納得しませんし、中途半端にすることを嫌います（叱って伸ばしたほうがよい子は、あまり深く考えすぎずに、まずは適当に行動するという傾向があります）。

まじめに取り組む子は、つねに力を抜かずに一生懸命です。教えられたことをちゃんと実践しようとします。

だから、「いいから、言われたとおりに早くやりなさい！」と叱ってしまうと、「がんばっているのに、なんで叱られるの？」という気持ちになってしまいます。このような子は、ほめてあげることで自信がついて、足も速くなっていきます。

そうはいっても、子どもの性格はそれぞれで、どちらか一方に分類するのは不可能です。自分の子どもの性格はお父さん、お母さんがいちばん理解しているはずです。子どもの性格に合わせて、「ほめる」と「叱る」を使い分けるようにしてください。

叱り方にも注意を払う

やる・やらない

- ルールやマナー、約束事を守らなかったとき
- 本気を出さなかったとき

↓

叱る

今日は練習すると言ったじゃない。
約束したことは守りなさい!

できる・できない

- チャレンジをした結果できなかったとき
- 本気を出したけれど、できなかったとき

↓

叱ってはいけない

タイムは上がらなかったけど、
フォームはすごく良くなっているよ!

数字が子どもを大きく成長させる

◉50メートル走のタイムが成長の証

私がかけっこの指導をするときは、かならず毎回、50メートル走のタイムを計ります。もちろん、タイムを上げることが最終目的ではありませんが、数字という目に見えるわかりやすい結果を知ることは、子どもたちのメンタルに大きな影響を与えます。

どんなにすばらしいフォームを身につけたからといっても、ビデオカメラで動画を撮影して過去の走り方と比べないかぎりは、自分のフォームがどれだけ良くなったかを客観的に見ることはできません。

自分がどれだけ成長したかを確認するには、「タイムという数字がどれだけ縮まったか」というのがいちばんわかりやすいのです。

タイムが日々上がって、自己記録を更新していけば、それは自信につながり、「もっと練習しよう」という向上心につながります。

◉タイムの短縮はモチベーションになる

数字が子どものメンタルに、いかに大きな影響を与えるかを物語るエピソードを紹介しましょう。

小学校5年生くらいだと、8秒台と7秒台の間に大きな壁があります。つまり、8秒を切って7秒台のタイムをたたき出すのは、容易なことではありません。

私が指導していた小学校5年生の男の子も、この大きな壁に苦しんでいました。8秒05、8秒08といったタイムは何度も出るのに、どんなにトレーニングをしても、どうしても8秒台を切ることができなかったのです。

しかし、しばらくしてようやく7秒95というタイムをたたき出しました。すると、その後は、7秒台のタイムしか出なくなったのです。**「自分は7秒台で走る選手だ」という自信がついたのでしょう。その後、壁にぶち当たっていたのがウソであるかのように、好タイムを連発したのです。**

彼はまもなく7秒63という自己ベストを出しました。7秒台の壁に苦しんでいたときには、0秒1を縮めるのにも苦心していたにもかかわらず、7秒台に突入してからは、ぐんぐんベストタイムを更新していったのです。

お父さん、お母さんも子どもと一緒にかけっこの練習をするときは、ぜひストップウオッチを用意してください。そして、タイムを測定してあげましょう。

ポイントは、最初の練習の冒頭でタイムを測定することです。フォームの改善や練習をする前なので、良いタイムは出ないかもしれません。しかし、最初は遅くて当たり前です。

練習を積めば積むほど、子どもの足は速くなります。その成長をタイムという数字で実感することによって、子どもは大きな自信を手に入れ、加速度的にタイムを縮めていくはずです。

運動靴を変えれば足が速くなる⁉

◉靴が子どものメンタルをプラスに変える

今、小学生の間で、いわゆる「足が速くなる運動靴」が大流行しています。小学生の7~8割が、この類の運動靴をはいているといわれています。

たしかに、これらの靴は機能面で足が速くなる要素を備えていると思います。靴を変えて足が速くなるのであれば、子どもの自信にもつながります。また、みんなと同じ「かっこいい靴」をはくことで、「外で遊びたい!」という意欲が生まれるかもしれません。その点では、お父さん、お母さんが子どもにこうした靴を買ってあげることは賛成です。

ただし、誤解を恐れずにいえば、靴を変えるだけで劇的に足が速くなることはないと思っています。 もしも靴を変えるだけで足が速くなるのであれば、陸上選手はみんなその魔法の靴を買うでしょう。

ソール（靴底）の薄い靴のほうが、足の裏で接地を意識できるので、足が速くなる可能性が高いといえますが、基本的には普通のスニーカーや運動靴であれば大きな差は生まれません。極端なことをいえば、学校の上履きで走っても大差はないと思っています。

もしも「足が速くなる運動靴」をはくことによって劇的に足が速くなることがあれば、それは運動靴の機能の効果もあるかもしれませんが、案外、子どもの「メンタル」の変化が影響している面も大きいと思います。

つまり、「足が速くなる運動靴をはいている」という自信が、タイムを押し上げている可能性が高いのではないでしょうか。自分が「成長している」「進歩している」という実感が自信になって足が速くなるように、靴の存在が自信になってタイムが上がることもあります。

◉靴を買うタイミングも大切

私は、「足が速くなる靴」を否定するつもりはまったくありません。子どもの自信につながるのであれば大歓迎です。

ただし、お父さん、お母さんは、「足が速くなる靴」を買ってあげるタイミングを少し注意したほうがよいと思います。

靴をはくことでタイムは速くなるかもしれませんが、それで満足して練習をしなくなってしまっては、何の解決にもなりません。練習をしなければ、「靴の効果」以上にタイムを上げることはむずかしく、すぐに頭打ちになってしまいます。

靴を買ってあげるのであれば、ある程度、練習を積んで「努力をすれば足が速くなる」という実感をもてるようになってからがよいでしょう。

あるいは、壁にぶつかってタイムが伸び悩んでいるときや、運動会などの大会前なども「モチベーションを上げる」という意味では効果的です。

「足が速くなる靴」は、子どもの足を速くするという魅力を秘めていますが、買うタイミングを間違えてしまうと、子どもの自主性や成長の妨げになる可能性も潜んでいます。

第3章

子どもを練習する気にさせる方法

「一緒にやる」が子どもをやる気にさせる

◉「教える」では子どもはついてこない

子どもと走り方の練習をするときに、どのようにすれば、子どもはやる気になってくれるでしょうか。

「ああしないさい」「こうしなさい」と指示ばかり出しているタイプのお父さん、お母さんをよく見かけます。「親が子に教える」という、「主従関係」になっているケースです。

もしお父さん、お母さんが現役、もしくは元アスリートであれば、このようなやり方をしても、子どもは張りきって練習するでしょう。子どもは、運動ができる人、足が速い人を単純に「すごい」と思うからです。

大人であっても、一流のスポーツ選手や名コーチに教えてもらえる機会があれば、きっと指導してくれる人に全幅の信頼をおいて練習に励むはずです。やはり教えてくれる人がその道のプロでなければ、「話を聞こう」という気にはなりませんし、説得力もありません。

もしも、足が遅いお父さん、お母さんや、運動が苦手なお父さん、お母さんが「速く走りなさい」「こうやって走ってみなさい」と指導をしたり、自転車に乗りながら「ほら、もっとがんばって走りなさい」と伴走したりしていたら、子どもはどう思うでしょうか。

子どもの立場になってみるとわかりますが、「無理やりやらされている」という感覚になるはずです。そして、「お父さんだって、いつも運動したくないって言ってるじゃないか」「お母さんは、いつもソファに寝転がってせんべいばかり食べているじゃないか」と反論したくもなるでしょう。**親がやりたくないと思うことは、子どもだってやりたくないのです。**

普通のお父さん、お母さんが「教える」という姿勢で練習をしても、子どもはなかなかついてこないのが現実です。

◉「一緒に学ぶ」姿勢でトレーニングする

子どもをやる気にさせるには、お父さん、お母さんが「一緒にやる」という姿勢で臨むのがいちばんです。「練習に行ってきなさい」ではなく、「一緒に練習に行こう」という姿勢でなければ子どもはついてきません。

勉強でも同じだと思いますが、一方的に「勉強しなさい」と言うと、子どもは「今やろうと思っていたよ」とぶつぶつ文句を言いながら、渋々机に向かいます。嫌々やらされていたのでは、成績も上がりませんし、勉強の習慣も身につきません。

しかし、「一緒に勉強しよう。わからないところは、一緒に考えてみよう」と声をかければ、子どもも少しはやる気になってくれます。

「しばらく運動をしていないから、体が動かない」というお父さん、お母さんもいるかもしれません。

全速力で走ることは無理でも、準備運動やジョギングくらいであれば、子どもと一緒にできると思います。親がジャージなどトレーニングウエアに着替えて、一緒にジョギングをするだけでも、子どもには親の本気度が伝わるはずです。

「教える」と「一緒にやる」の違い

走り方を教える際も、「一緒に学ぼう」という心構えで臨むのがよいと思います。現実的に、一流の選手に育て上げるレベルで速く走る方法を教えるのは、かなりの知識と経験がなければ困難です。スポーツ経験が豊富なお父さん、お母さんでなければ、適切な指導をすることはできません。

普通のお父さん、お母さんであれば、本書のような「足が速くなるポイント」が書いてあるような書籍を片手に、「こんなふうに体を動かせば速くなるみたいだよ」と言いながら子どもと一緒になって学んでいくとよいでしょう。**無理して有能な「コーチ役」を演じる必要はありません。**

どうしても、ケガや病気などで一緒に走ったり、運動したりできないという場合は、せめてジャージなどトレーニングウエアに着替えて、子どもの練習を見守ってあげるとよいでしょう。それだけでも子どもは、「お父さん、お母さんと一緒に練習をしている」という気になるはずです。

ただし、小学校の高学年以上になると、お父さん、お母さんと一緒にやることに対して恥ずかしいという気持ちが芽生えてくるので、無理強いをすることもできません。しかし、小学校4年生くらいまでは、できるだけ一緒に練習をする機会をつくってあげるとよいでしょう。

◉「遊び」も一緒に参加するのが大切

走り方の練習にかぎらず、それ以前の幼児期の「遊び」でも一緒に参加する姿勢が大切です。

公園などに行くと、子どもに自由に遊ばせていて、自分はベンチに座ってくつろいでいるお父さん、お母さんを見かけます。

しかし、幼児のなかには、「どうやって遊んだらよいかわからない」という子もいます。また、大人が一緒になって遊びの時間を共有することで、遊びの楽しさを知っていきます。

子ども同士で仲良く遊んでいるのであれば、見守ってあげるのがいちばんですが、子どもがひとりのときは、一緒に遊んであげてください。

遊びの楽しさを教えてあげると、子どもは遊びが好きになります。それは、子どもの運動能力の向上にもつながっていくのです。

目標を共有すると親の本気度が伝わる

◉親ががんばれば子どももがんばる

運動が嫌いな子は、「練習してもムダ」「どうせがんばっても足は速くならないよ」と、自分の可能性に制限をかけています。

このようなマイナス思考を取り除くには、お父さん、お母さんが「絶対に速くなる」というメッセージを、熱意を込めて送り続ける必要があります。

とはいえ、「練習がんばろう！」といくら熱い言葉をかけ続けても、それだけでは子どもの心は動きません。お父さん、お母さんの本気度を態度で伝える必要があります。

その本気度を伝える方法のひとつは、目標を共有して、一緒に練習をすることです。

たとえば、子どもの目標が「かけっこが速くなる」「運動会で1番になる」であれば、お父さん、お母さんは「運動をして5キロやせる」「健康を維持するためにジョギングをする」といった目標を掲げます。つまり、「練習をすることによってどうなりたいか」という目標を、親子間で共有するのです。

お父さん、お母さんが目標を掲げることによって、子どもは「お父さん、お母さんががんばっているから、ぼくも私もがんばらなければ」という気持ちになります。

心理面でいえば、人は似ているところや共有できる点があると、相手に親近感が湧いてくるものです。

たとえば、初対面の人が同郷の人、同学年の人だとわかると急に親しみを覚えて、距離が縮まります。だから、目標を共有して同じことをするのは、親子間の距離を縮め、モチベーションを高めます。

ちなみに、私には小学生の娘がいるのですが、一緒にジョギングをするのが習慣になっています。娘は「リレーの選手になる」、私は「陸上の大会に出場する」という目標をお互いにもっているので、目標に向かって一緒にがんばろうという気持ちになります。

娘も「お父さんがやっているからがんばろう」という思いで続けているのかもしれ

ませんが、私も「娘が続けているから、途中でやめるわけにはいかない」という気持ちになります。つまり、私も娘に励まされて、続けることができているのです。

また、私の知人には、「東京マラソンで完走する」という目標を掲げ、子どもと一緒にトレーニングに励んでいる人もいます。

お父さん、お母さんが目標に向かって突き進む姿を目の当たりにすれば、子どもの心にも響くのではないでしょうか。

目標の大きい、小さいはあまり関係ないと思います。「ダイエットで3キロやせる」といったものでも十分です。大事なのは、子どもと目標を共有し、一緒に練習をがんばり続けることです。

◉親が続かないと子も続かない

しかし、目標を共有するには覚悟が必要です。

目標を掲げたら、途中で投げ出すようなことはしてはいけません。なぜならば、お父さん、お母さんが目標を投げだすのを見た子どもは、「自分もできなくてもいいや」という意識をもってしまうからです。

目標を共有するとモチベーションアップ

親の目標
子どもの目標
ダイエットして3キロやせる!
運動会で1番になる!
共通の目標
毎日、1キロのランニングをする!

良い意味でも悪い意味でも、子どもはお父さん、お母さんの姿を見習って成長していきます。いちばん身近な手本であるお父さん、お母さんが「何をやっても続かない」という状態だと、子どもも「続かない」のが当たり前になってしまいます。

これは掲げた目標にかぎった話ではなく、日常生活にもいえることです。たとえば、お父さんが「今日から皿洗いをする」と宣言したにもかかわらず、途中で放棄してしまったら、子どもはそれを見習います。

そのお父さんが、いざ子どもに「なんで練習が続かないんだ！」と怒っても、「お父さんだって続かないじゃないか」と反論されてしまいます。お父さんは、言い返すことはできないでしょう。

また、普段から後ろ向きの発言や発想ばかりしているお父さん、お母さんも、気をつける必要があります。

うまくいかないことを「社会が悪い」「政治が悪い」「上司が悪い」と他人のせいにしていると、子どもも他人のせいにするようになります。

「足が遅いのはお父さん、お母さんのせいだ」

「先生の教え方が悪いからだ」

「宿題が忙しいから練習できない」

このような後ろ向きな言い訳を子どもにさせないためにも、お父さん、お母さんは日常生活から前向きな態度を心がける必要があるでしょう。

小さな目標の達成が子どもをやる気にさせる

◉目標は子どもに立てさせる

大人の世界でもいえることですが、目標がなければがんばることができません。単に「とにかくがんばれ！」と言われても、何をがんばってよいのかわからないので、がんばりようがありません。

一方、「今月の売上1000万円を目指してがんばろう」と言われれば、1000万円の売上をあげるにはどうすればよいかを考え、その目標に向かって突き進むことができます。

同じように、子どもに「足が速くなるようにがんばれ！」とげきを飛ばしても、目標が漠然としすぎていて、どうすればよいかわかりません。

「50メートルを8秒で走れるようになる」「リレーの選手になる」「運動会で1番にな

る」というように、具体的な目標を設定するのがよいでしょう。

だからといって、「運動会で1番になりなさい！」とお父さん、お母さんが一方的に目標を押しつけるのは感心しません。上から与えられた目標はプレッシャーを感じるばかりで、自主的に「がんばろう」という前向きな気持ちにはなりません。

理想は、子どもに「どうなりたい？」と聞いてあげることです。

そこで、「運動会で1番になりたい」という具体的な答えが返ってきたら、その目標を達成するにはどうすればよいかを、子どもと一緒に考えていけばよいでしょう。

一方、子どもから「足が速くなりたい」という漠然とした答えが返ってきたとしたら、「足が速くなって、どうなりたい？」とさらに突っ込んで聞いてみましょう。

大切なのは、自分から目標を掲げることです。人から与えられた目標は、達成する意欲があまり湧きませんが、自分で口にした目標は、達成したくなるものです。

◉目標は大きすぎると挫折してしまう

目標を立てたら、目標を小さく分割する作業が必要になります。それは、子どもではなく、お父さん、お母さんの役割です。

大きすぎる目標は、到達するまでに時間も労力もかかるので、途中で「やっぱり無理だ」とあきらめてしまいがちです。

一流の陸上選手は、最終的な目標は「オリンピック」かもしれませんが、その間に「来年の日本選手権で○位以内に入る」「この時期に○秒で走る」などの小さな目標を立てます。これらを一つひとつクリアしていくことで、オリンピックという最終目標に着実に近づくことができます。

もしもオリンピックだけが目標だとすると、その過程で挫折してしまったり、精神的に燃え尽きてしまったりします。

◉「努力すればできる」を実感させる

子どもの目標も、「運動会で1番になる」「リレーの選手になる」では、まだ大きすぎます。もともと運動が得意な子で、足も速い子ならば、現実的な目標かもしれませんが、運動が苦手な子にとっては現実味がありません。

たとえば、「運動会のかけっこで1番になる」のが目標であれば、達成しやすい小さな目標を設定してあげます。腕の振り方をマスターしていないのであれば、「ひじ

目標は小さく分ける

目標が大きすぎる

運動会で1番になる

なかなか目標に届かないので挫折してしまう

小さな目標を積み重ねる

運動会で1番になる

50メートルのタイムを0秒5縮める

足の運び方をマスターする

腕の振り方をマスターする

成功を積み重ねて自信がつくので、確実に目標に近づける

を90度に曲げて走る」を目標に、腹筋が一度もできないのであれば、「腹筋を1回できるようになる」を目標に、50メートル9秒8で走る子なら「9秒5で走る」を目標にします。

小さな目標であれば、短期間で簡単に達成できます。小さな目標であっても達成すると、子どもにとっては大きな自信になります。「努力すればできる」という達成感を味わうことができます。こうした経験は、子どもをますますやる気にさせ、最終的には大きな目標を達成する原動力となります。

ひとつ目標をクリアしたら、また新しい小さな目標を立てましょう。小さな目標をひとつずつ紙に書き出して、クリアしたらチェックを入れたりすると、達成感を視覚で実感できます。クリアした目標にシールを貼ったり、ハンコを押したりするのもよいアイデアだと思います。

ひとつずつ小さな目標達成を積み重ねていくと、確実に大きな目標に到達することができます。

もしも最終的に大きな目標、たとえば「運動会のかけっこで1番になる」という目標を達成できなかったとしても、そこに至るプロセスで味わった達成感は、いつまでも子どもの自信となって心のなかに残ります。子どものうちは、最終的な結果よりも小さな成功体験を積み重ねるプロセスのほうが大事だと思います。

ただし、小さな目標に期限を設けるのは、あまりおすすめできません。締め切り効果で思わぬ力が発揮されるケースもありますが、もしも達成できなかった場合は、挫折感を味わわせることになってしまい、そこで最終目標をあきらめてしまう可能性もあります。

やる気を出させるのをねらって期限を設けるくらいであれば、さらに達成しやすい目標を設定し直して、成功体験をたくさん体験させたほうがよいでしょう。そのほうが確実に子どもは進歩していきます。

子どもの「競争心」を尊重してあげる

◉ライバルの存在が動機になる

練習を通じて小さな目標を達成していくと、子どもに自信が芽生えてきます。そのうち自分から「運動会で1番になりたい」「リレーの選手になりたい」「マラソン大会で10番以内に入りたい」「○○くんに勝ちたい」という欲が出てくると思います。

運動が苦手で自信のない子に、「運動会で1番になりなさい」と目標を上から押しつけたり、「○○くんはできているよ」と比べたりすることは逆効果になります。しかし、自分の走りに自信がもてるようになって、「勝ちたい」「負けたくない」という気持ちが芽生えてきた子は、それが大きなモチベーションになります。**スポーツは競争意識やライバルの存在が、選手を大きく成長させてくれるものです。**

私が、ある小学校の6年生のリレーチームを指導したときの話です。

私がはじめて彼らと会ったときには、すでに選抜チームと補欠チームに分かれていました。このとき、子どもたちのモチベーションの差はあきらかでした。

選抜チームの子が練習開始時間の前からグラウンドにやってきてアップをしている一方で、補欠チームは時間ギリギリになってダラダラとやってきました。「自分は補欠だから」というあきらめの気持ちが態度にも表れていたのです

そこで、私はみんなを集めて、このように言いました。

「今日から5日間のトレーニングをすれば、絶対にタイムがアップします。最終日にもう一度、全員のタイムを計り直して、タイムが速い順にリレーチームを再編成します」

すると、補欠だった子どもたちの目の色が変わりました。次の日から、練習開始の20分以上前にグラウンドにやってきて、自主的にアップをはじめたのです。もちろん、日に日にタイムも上がっていきました。

5日目に全員のタイムを計り直した結果、2人の補欠が選抜チームに入ることにな

りました。当然、2人の選抜チームの子が補欠にまわることになったのですが、タイムというモノサシでチームを再編成したので素直に納得してくれました。

このように、チャンスを与えて競争させることは、子どもをやる気にさせます。競争は、速く走るための強い動機になるのです。

◉競争心が子どもを成長させる

運動会で順位をつけない学校があると聞いたことがあります。なかには、ゴール前で手をつないで、みんな一緒にゴールさせる学校もあったとか。最近は、このような学校は少なくなっているようですが、スポーツに長年携わってきた身としては少し違和感を覚えてしまいます。

足が遅い子に配慮しているのかもしれませんが、それは子どもたちの向上心を奪ってしまうのではないでしょうか。

なかには、勉強は苦手だけれど、運動は得意という子もいます。運動会が最大の見せ場である子どもたちの活躍の舞台を奪ってしまうのはどうかと思います。もしも運動で順位をつけないのであれば、テストや通信簿で順位をつけたり、評価したりするのもやめるのが筋でしょう。

社会に出れば、誰もが競争にさらされるのが現実です。1カ月で300万円を稼ぐ営業マンと、1カ月で3000万円を稼ぐ営業マンがいたら、3000万円を効率的に稼ぐ営業マンのほうが評価されます。

競争は残酷な面もありますが、がんばることを覚える大事な機会でもあります。ライバルと切磋琢磨して努力をした成果が評価される。このような体験が人を成長させます。

足が遅い子に競争心を無理やり植えつけようとすれば余計なプレッシャーになってしまいますが、子どもの心に自主的に芽生えた競争心は、大きく成長するチャンスになります。

もしも子どもが「リレーの選手になりたい」という意思を示したら、それを肯定してあげましょう。そして日ごろから、「リレーの選手を目指してがんばろう」「リレーの選手になるには、こういうトレーニングをしたほうがいいよ」などと、向上心を刺激するような言葉をかけてあげることが大切です。

やる気の出るアドバイスの仕方

◉低学年の子にはたとえ話が有効

第2章でも述べたとおり、走り方を教えるときには、「ほめる」ことをベースにするとよいでしょう。うまくできたことは素直にほめてあげます。もしうまくできなかったとしても、「この部分はできなかったけど、この部分はできていたよ」と、全否定をせずに、できていたことを見つけてほめてあげます。

しかし、ひたすらほめているだけでは、子どもの上達にも限界があります。「どのようなフォームで走れば速く走れるか」を、具体的にアドバイスをしてあげる必要があります。

足が速くなる理想的なフォームについては、第4章で紹介しますが、ここでは、子どもを練習する気にさせるアドバイスの仕方について説明しましょう。

幼稚園児や小学校低学年の子は、あまり技術的な説明をしても、なかなか感覚的に理解することができません。

足が遅い子によく見られる特徴として、「足の裏の全体を地面につけて、バタバタと音を立てながら走る」というものがあげられます。この場合は、「地面との接地時間を短くすれば速くなるよ」とアドバイスをしても、子どもには伝わりません。

「地面がマグマになっていて1000℃もあったらどうする？　足が地面についている時間を短くしないといけないよね。やけどしないような走り方をしてみよう」

「忍者は走るとき音がしないらしいよ。忍者みたいに音を立てない走り方をすれば速くなるよ」

現実とはかけ離れているかもしれませんが、このように子どもでもイメージしやすいものにたとえてあげると、トレーニングを楽しんでくれるでしょうし、上達も早くなります。

◉高学年の子には根拠が必要

小学校3年生くらいからは、たとえ話やイメージで伝えるのではなく、ある程度、根拠を示してあげたほうが説得力があるでしょう。

「もっとできるよ！」「次は大丈夫！」といった根拠のないアドバイスも小学校低学年くらいまでは通用するかもしれませんが、高学年になると「どうすればよいか」というう具体的なアドバイスを求めるようになります。つまり、ひとりの大人として接してあげる必要があります。

たとえば、第1章でも紹介しましたが、「手のひらはパーにして、下に向けて走る」とスピードがアップします。これをアドバイスするときに、単純に「手のひらはパーにして、下に向けて走ってみよう」と言うだけではなく、きちんと理由まで説明してあげるのです。

つまり、「手のひらを下に向けた状態で走れば、腕を振るのに大切な肩甲骨という骨の可動域が広がるから、腕を速く強く振ることができて速く走れるよ」というところまで踏み込んであげるのです。

「〇〇すれば、速くなる」というプロセスを示してあげることで、子どもは今やっているトレーニングの意味に納得したうえで練習できるので、やらされている感覚がなくなり、自主的に練習に取り組むようになります。

教え方で子どもの上達も変わってくる

足の裏の全体を地面につけて、バタバタと
音を立てながら走る子

忍者は走るとき音がしないらしいよ。忍者みたいに音を立てない走り方をすれば速くなるよ

地面がマグマになっていて1000℃もあったらどうする？　足が地面についている時間を短くしないといけないよね

もちろん、専門知識がないお父さん、お母さんは、本などを参考にしてください。「こうすれば、こういう効果があるみたいだよ」などと、子どもとコミュニケーションをとりながら練習すれば、一緒にひとつの目標を目指しているという一体感を得られるでしょう。

◉「イチロー選手がやっている」は効果絶大

子どもが喜んで練習がしたくなる魔法の言葉を紹介しましょう。

子どもにとって、オリンピックに出場するアスリートや、海外の選手を相手に活躍するような選手はヒーローです。そんな子どもたちのヒーローの名前を使わせてもらうのです。

たとえば、足を速くするには、ひざをついた姿勢のまま行う「ストレッチ要素がある腕立て伏せ」が、いちばん効果があります（詳しくは153ページで紹介しています）。というのも、普通の腕立て伏せをすると、肩甲骨のまわりに硬い筋肉がつきすぎて可動域が狭くなってしまうからです。可動域が狭くなると、腕を大きく速く振る際のさまたげになります。

だから、私は子どもたちに指導をするときにも、ひざをついた姿勢で行う腕立て伏せをやってもらうのですが、子どもたちのなかには、「こんなの腕立て伏せじゃない。ぼくは、ちゃんと普通の腕立て伏せができるよ」と主張してくる子もいます。
このような子どもには、次のように言い聞かせます。

「イチロー選手も、この腕立て伏せをしているんだよ」

すると、子どもたちは、とたんに「それなら、やるよ!」と言うことを聞いてくれます。「イチロー選手もやっている専門的なことをぼくも教わっているんだ」という気分になるのでしょう。現金なものですが、有名なアスリートは、子どもたちにそれだけの影響力をもっています。
もちろん、プロの選手が行っているトレーニングをすべて取り入れるのは危険です。しかし、イチロー選手のように子どもが憧れるスポーツ選手のトレーニング法を調べて、子どもでもできるようなトレーニングがあれば、「○○選手も同じことをやっているよ」と子どもに伝えるのもよいと考えています。

伸び悩んでいる子は別の部分をほめる

◉ひとつの目標にこだわりすぎない

練習を積んでいくと、いくらフォームを改善したり、アドバイスをしたりしても、タイムが伸び悩んでしまうことがあります。

壁にぶつかるのは、誰にでもあることなので、あせってしまうのは禁物です。そこで、「練習が足りないからよ！」「もっと本気でやりなさい！」と怒鳴ってしまうと、子どもは委縮してしまいます。大人と一緒で、一生懸命やっても結果が出ないときは子どもにもあるのです。

こんなときは、子どもに自信をつけさせることがいちばんです。伸び悩んで目標が達成できないと、子どもは自信を失ってしまいがちなので、ほめるところをつくってあげましょう。

たとえば、どうしても50メートル走のタイムが向上しないときは、別の良いところ、できたことを評価します。

ほめるのは、50メートル走とは直接関係ない部分でもかまいません。

「なわとびの二重跳びが、できるようになったね」

「ソフトボール投げの距離が延びたね」

「鉄棒のけんすいが1回できるようになったね」

また、次のように練習内容をほめるのも効果的です。

「これまでジョギングは3周だったけど、今日は4周できたね」

「今日はいつもより準備運動をしっかりやっていて、えらかったね」

このようにほめる部分を見つけてあげると、子どもの自信になります。ほめ続けてモチベーションが下がらなければ、そのうち壁もクリアできるときがやってきます。

お父さん、お母さんは、タイムなどのひとつの目標にこだわりすぎないように気をつけましょう。「目標タイムが絶対」ということになると、子どもの逃げ道がなくなってしまいます。比較的、簡単に達成できそうな目標を複数設定してあげるとよいでしょう。

◉まじめな子には逃げ道をつくってあげる

とくに、まじめな性格の子には、逃げ道をつくってあげることが必要です。

たとえば、私が指導している子どものなかにも、タイムが上がらなかったり、うまくいかないことに対して、絶対に言い訳をしないタイプの子がいます。そういう子は、どんどん自分のなかで思いつめ、「私はダメだ」と自分を追い込んでしまいがちです。

そんな子に対しては、「こうすれば良くなるよ」というアドバイスをするだけでなく、言い訳をさせてあげることも大切です。

たとえば、雨上がりの日であれば、次のようにフォローしてあげます。

「今日は、雨が降ったあとだから、少し滑って走りにくかったよね」

もしもたくさんの落ち葉がグラウンドに落ちていたら、

「落ち葉が気になって走りにくかったよね。今日はタイムが出なくても仕方ないよ」と声をかけてあげます。

このように逃げ道をつくってあげると、子どもの気持ちがドーンと沈み込んでいくのを防ぐことができます。

ただし、「今日はコースが滑るからダメだったんだ」と自分から言い訳ばかりしてしまう子に対して同じような態度をとると、調子に乗ってしまいます。このようなタイプの子には、「言い訳ばかりしてはダメだ」と厳しく言うことも必要です。

お父さん、お母さんは、子どもの性格に合わせて、声のかけ方を工夫してあげるとよいでしょう。

練習をやる気にさせるツールを用意する

子どもに練習をやる気にさせるには、ちょっとしたツールを用意するのも効果的でしょう。

繰り返しになりますが、「タイムが上がる」「できなかったことができるようになる」という成果が子どもの自信になり、成長を促します。

このような成果を「見える化」してあげると、子どものやる気がさらにアップします。つまり、子どもの目に見えるかたちで成果を残してあげるのです。

◉成果を「見える化」してあげる

お父さん、お母さんに絶対にやっていただきたいのが、タイムをすべて記録することです。練習を積み重ねていけば、かならずタイムは縮んでいきます。その成長の過程を確認するには、タイムという数字がいちばん効果的です。

また、シールやスタンプなど子どもが喜びそうなグッズを活用するのも良いアイデアです。

たとえば、練習の目標を紙に書き出しておいて、それが達成できたらシールを貼ったり、スタンプを押してあげたりします。子どものころを思い出してみてください。ラジオ体操に参加するたびにスタンプが押されていくと、ますますやる気になったのではないでしょうか。

このような単純なしかけであっても、子どものモチベーションにつながるものです。

◉やる気のある子には、ひとりでできる「練習メニュー」を

自分の走りに自信をもった子どもたちは、お父さん、お母さんが「練習をしよう」と声をかけなくても、自主的に練習をがんばるようになります。この段階まで来たら、子どもはどんどん成長し、足も速くなっていくでしょう。

やる気に満ちた子どもには、ひとりでも実行できる「練習メニュー」を用意してあげましょう。

家の近くに走る場所がなければ、ジョギングやなわとび、年齢に合った筋トレなど

足の速さに直結するトレーニングのメニューを考えます（やり方や回数については、第4章で説明します）。

この練習メニューにも「やった日にはシールを貼る」「できた種目にはスタンプを押す」といったしくみを取り入れれば、ますますやる気になるでしょう。さらに、「どれだけシールがたまったか見せてよ」とお父さん、お母さんが声をかけてあげれば、子どもも「見て、見て！」と喜んで見せてくれると思います。

お父さん、お母さんも仕事や家事で忙しいでしょうから、毎回練習に付き添うことはできないかもしれません。そんなとき、ひとりでできる練習メニューをつくっておけば、子どもは自分でトレーニングをすることができます。

目標を「見える化」する例

- なわとび100回できるようになる
- 腹筋20回
- 腕立て伏せ20回
- 50メートル8秒を切る
- 寝る前にストレッチをする

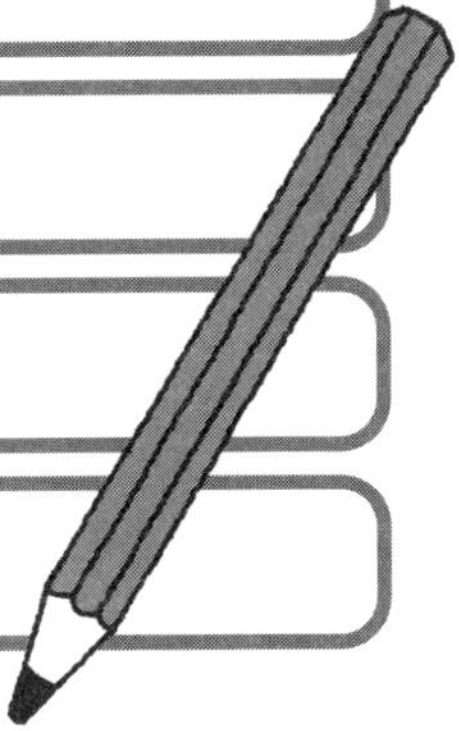

第4章

運動が苦手でもできる！
足が速くなる練習法

親子で一緒にできる練習メニューをつくる

◉練習の流れをつかむ

この章では、子どもと一緒にかけっこの練習をするときに、「どのようなトレーニングをすればよいか」「走り方を教えるときの具体的なポイントはどこか」を中心に紹介していきます。

まず、具体的な練習メニューはどうすればよいでしょうか。私がおすすめする大まかな練習の流れは次のとおりです。

①準備運動

↓

②ジョギング

③筋トレ
↓
④なわとび
↓
⑤走り方の練習
↓
⑥50メートル走のタイム測定

●練習日は事前に決めておく

①～⑥のそれぞれの内容については、順を追って説明していきますが、ここでは、大きな流れをつかんでおきましょう。

これは一般の家庭でも無理なくできるメニューだと思いますが、かならずしも「すべてをみっちりやらなければ足が速くならない」というわけではありません。正直いって、足が遅い子、基本的な運動能力が十分身についていない子にとっては、これらのメニューをすべてこなすだけでも大変です。なかには、ジョギングの段階でバテてしまう子もいるでしょう。

ですから、「自分の子どもの体力では、いきなりすべてをやるのは心配だ」ということであれば、ジョギングやなわとびなどの、一つひとつのメニューを軽めに抑えるとよいでしょう。トレーニングを続けていくことにより、だんだんと基礎体力が身についていきます。それぞれのメニューのレベルを上げるのは、体力が十分についてからでも遅くありません。

なお、これらの練習メニューは週に3、4回行うのが理想です。間隔があまりあいてしまうと、進歩のスピードが遅くなります。

たとえば、習いごとのように「月、水、金」など練習する曜日を決めておくとよいでしょう。**「気が向いたときに練習する」というのでは、子どももお父さん、お母さんも、「今日は忙しいから」「今日はちょっと疲れているから」などと、言い訳をしてしまいます。**一度サボってしまうと、サボるクセがついてしまうのです。

「やむを得ない理由で一緒に練習ができないときは、翌日に練習する」というように代替日のルールも決めておけば、一定のペースで練習をすることができます。

練習メニューの流れ

1. 準備運動
2. ジョギング
3. 筋トレ
4. なわとび
5. 走り方の練習
6. 50メートル走のタイム測定

ジョギングは親子一緒に

◉練習は準備運動から

練習は準備運動からはじまります。準備運動は体育の授業でやるような基本的なものを行えば十分でしょう。たとえば、次のような運動です。

・屈　伸
・伸　脚
・アキレス腱伸ばし
・上体の前後屈
・上体の回旋
・手首・足首の回旋

・軽い跳躍

◉ジョギングの距離は少しずつ延ばす

次にジョギングを行います。ジョギングは体を温めるのが目的なので、決して速く走る必要はありません。

また、体力がなくて運動が苦手な子は、だいたい5分も走れば息があがってしまいます。ここでバテてしまったら、そのあとの練習ができないので、最初のうちは息があがらない程度の時間にとどめておきましょう。

最初は2分しか走れなくても、体力がついてくれば、3分、5分と走れるようになります。子どもの体力に合わせて走る距離を調節してあげるとよいでしょう。

ジョギングは、お父さん、お母さんも一緒に走ることをおすすめします。ジョギングくらいのスピードであれば、運動不足のお父さん、お母さんでも、それほど大変ではないと思います。一緒にジョギングをすることで、子どもも「やらされている」という感覚にならなくてすみます。

ジョギングをするときは、子どもの走り方のフォームを気にかけてあげましょう。

ポイントは、次のとおりです。

・目線が前を向いている
・体の軸がまっすぐになっている（前のめりの姿勢や体が揺れているのは×）
・ひじを90度に曲げて腕を振っている
・手のひらが腰骨の下を通過するイメージで腕を振っている
・足音をさせない

これらは、速く走るためのポイントでもあります。とくに足の遅い子は、足と地面の接地時間が長いので、バタバタと音を立てて走る傾向があります。**ジョギングのときから、「かかとからまっすぐつく感覚」をイメージすることが大切です。**

ジョギングのポイント

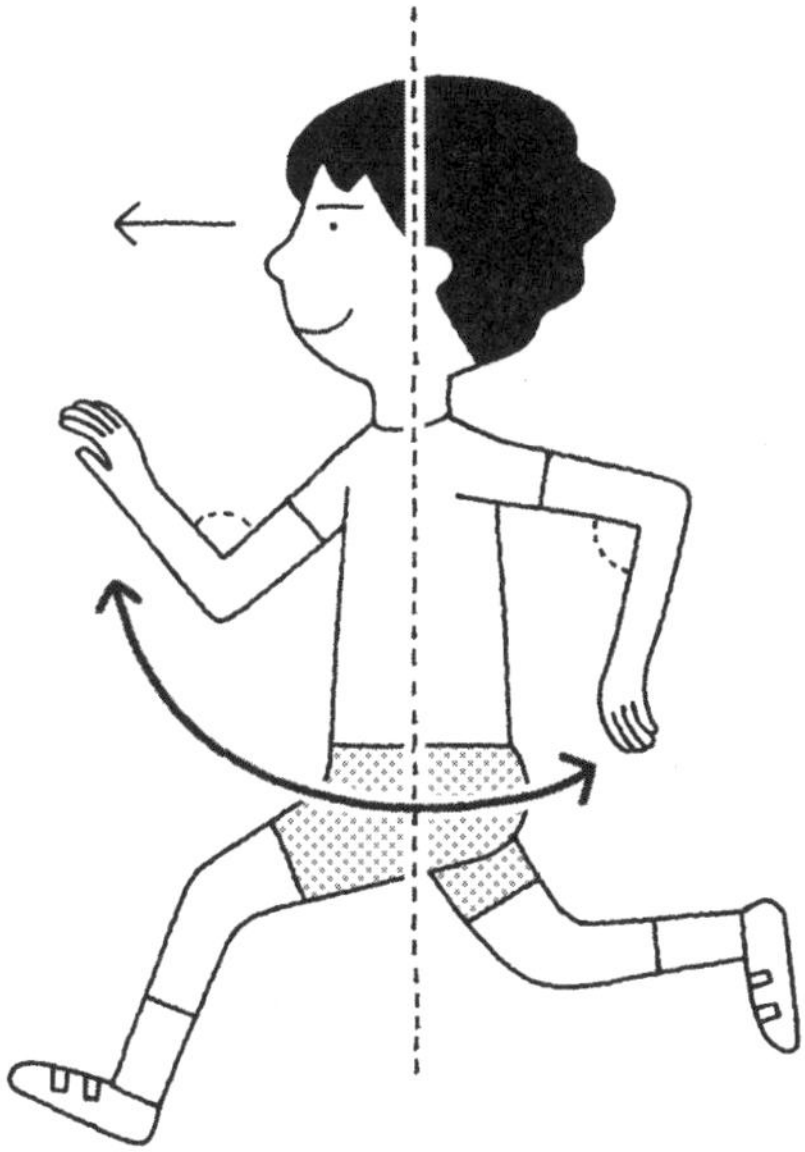

ポイント

・目線が前を向いている
・体の軸がまっすぐになっている（前のめりの姿勢や体が揺れているのは×）
・ひじを 90 度に曲げて腕を振っている
・手のひらが腰骨の下を通過するイメージで腕を振っている
・足音をさせない

筋トレで体をコントロールする力を養う

◉必要最低限の筋肉がないと足は速くならない

準備運動とジョギングを終えたら、筋力トレーニングを行います。

「子どものころの筋トレは、身長の伸びを妨げる」という人もいますが、これはあくまでも、過度の筋トレをしたときの話です。

実際には、子どものなかには腹筋を一度もできない子もいます。とくに運動が苦手な子は、たいてい腹筋や腕立て伏せがあまりできません。小さいころから外で遊んでいた子は、遊びのなかで必要最低限の筋力が身についていますが、遊ぶ習慣があまりなかった子は、必然的に筋力を鍛える機会が少なかったのです。

十分な筋力がないと、自分の体をうまくコントロールすることができません。つまり、走る、ぶら下がる、跳ぶといった運動能力にも支障をきたすことになります。

遊びのなかで自然に筋力が身についている子は、それほど筋トレをする必要はありませんが、極端に筋力が少ない子は、運動をするのに必要最低限な筋力をつけるために、筋トレをする必要があります。必要な筋肉をつけることで、走るスピードもアップしていくのです。

◉「腕立て伏せ、腹筋、背筋を10回ずつ」が目標

運動が苦手な子は、腕立て伏せ、腹筋、背筋をそれぞれ10回ずつできるようにがんばりましょう。腕立て伏せは、ひざをついた状態で行います。

ある程度、筋力がついてくれば、すべてを1分ほどの短時間でできるようになります。苦もなく10回できるようになったら回数を少しずつ増やしていくとよいでしょう。

なお、小学校低学年では最低でも、腕立て伏せ10回、腹筋10回、背筋10回が目安、小学校高学年では、腕立て伏せ30回、腹筋20回、背筋20回が目安になります。

これくらいの回数ができるようになれば、自分の体をスムーズにコントロールする力がついたと考えてよいでしょう。

筋トレはあくまでも、スポーツやかけっこをするための補助運動です。やりすぎな

いように気をつける必要があります。

◉筋トレは毎日続けることに意味がある

筋トレは、毎日続けることに意味があります。

幸いなことに筋トレは、ひとりでもできます。親子で練習ができない日は、家で筋トレをするように仕向けるとよいでしょう。たとえば、筋トレをしたらシールを貼ったり、スタンプを押してあげるのもひとつの方法です。

ただ、理想はお父さん、お母さんも筋トレを一緒にやってあげることです。腕立て伏せ、腹筋、背筋10回ずつであれば、速い子は1分もあればできてしまいます。1分であれば、親も子も「忙しいから」という言い訳はできません。

何事もひとりきりで継続するのは強い意志が必要ですが、親子2人、あるいは3人であれば、お互いに励まし合うことができるので習慣にしやすいでしょう。

毎日、筋トレを継続できると、「自分もやればできる」「きっと足も速くなるに違いない」という自信につながります。メンタルの面でも、筋トレの効果は大きいといえます。

腕立て、腹筋、背筋のポイント

腕立て伏せ

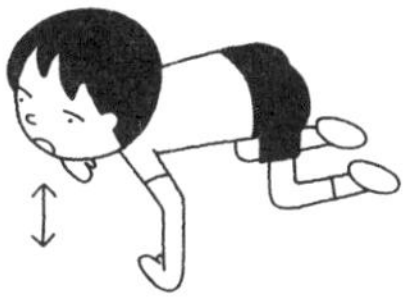

ポイント

- ひざを立てて四つんばいの姿勢になる
- ひじと肩が一直線になるように手をつく
- 手の先を内側に入れる
- 1秒に1回くらいのペースで、1回ずつしっかりと行う

腹筋

ポイント

- 手は胸の前で組む
- 補助を頼んだり、モノの間に足を挟んだりして足を固定する

背筋

ポイント

- 両手は顔の横に来るようにしてバランスをとる
- 体を反りすぎない。顔は10～20センチくら上げるのが目安
- 1秒に2回くらいのペースがベスト

ちなみに、「筋トレを毎日すると、筋細胞を破壊してしまうので間隔をあけたほうがよい」という話もありますが、それは筋肉を激しく痛めつけるような筋トレの場合です。無理をしない軽い筋トレであれば問題ありません。

◉ワンランク上の筋トレ法

「腕立て伏せ10回、腹筋10回、背筋10回」のセットを難なくこなせるようになったら、次のようなワンランク上の筋トレを子どものメニューに取り入れるのもよいでしょう。

- **カーフレイズ**
- **バタ足腹筋**
- **壁倒立**

「腕立て伏せ、腹筋、背筋」が初級者向けなら、これらは中級者向けといえます。

カーフレイズ、バタ足腹筋、壁倒立のポイント

カーフレイズ

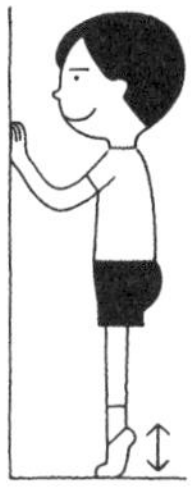

ポイント

・壁に手をつけて、かかとを上げ下げする
・つま先に体重を乗せる
・慣れてきたら壁を使わず、段差の上で行うのも効果的

バタ足腹筋

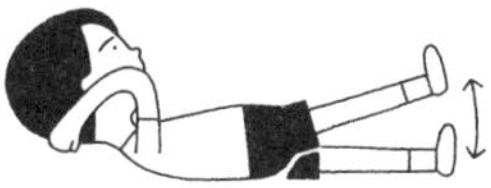

ポイント

・足の付け根から動かす
・足はまっすぐ伸ばす　・手は頭の後ろで組む
・顔は上げていても可だが、慣れてきたら、天井を見て行う

壁倒立

ポイント

・できないうちは、補助をしてあげる
・手を曲げずに、勢いをつけて地面を強く押す
・手は肩幅より少し開く
・壁から20センチくらいの距離を保つ
・はじめは10秒が目標

「体幹」を鍛えると運動能力も上がる

◉一流アスリートも注目のトレーニング

最近、スポーツ界で注目されている言葉のひとつに「体幹」という言葉があります。サッカー日本代表の長友佑《ゆう》都《と》選手など、一流アスリートが「体幹トレーニング」を取り入れていることから話題になっています。

「体幹」というのは、いろいろな定義がありますが、大ざっぱにいえば、腹筋・背筋周辺の部位のことをいいます。**体幹が発達していると、走ったり、跳んだりといった動的な状態で体のバランスを保ちやすくなります。**つまり、体幹を鍛えるということは、子どもの運動能力を高めることにもつながります。

体幹を鍛えるには、体の奥にある筋肉を意識することが重要です。通常の腹筋や背筋では体幹を鍛えるには不十分なので、左ページのような筋トレを取り入れます。

体幹トレーニングのポイント

腹筋持久

ポイント

・手はおなかの上で組む　・ひざは曲げずにまっすぐ
・最初は2～3秒しかできない子も多いが、小学生なら1分くらいを目標にする

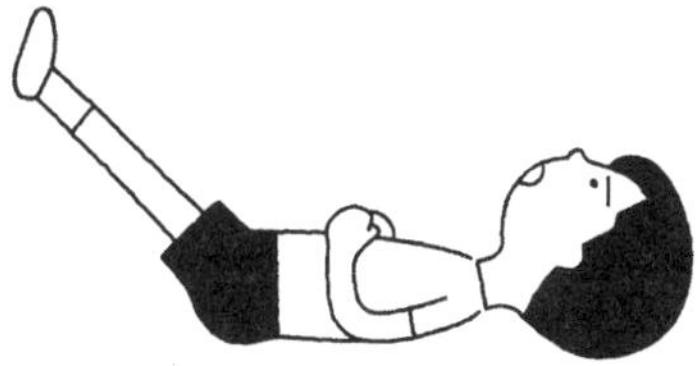

ボディーバランス

ポイント

・手と足をまっすぐ伸ばし、体が水平になるようにする
・左右交互1分ずつくらいが目安
・顔を下にした体勢で 1 分持続できるようになったら、顔を前に向けた体勢にもチャレンジする

風呂上がりのストレッチを習慣にする

◉体が硬いと運動能力が制限される

最近、体の硬い子が増えています。とくに遊びや運動の習慣が少ない子に多く見られます。体が硬いと、筋肉や腱、関節の可動域が狭まるので、運動の能力が制限されてしまいます。さらには、ケガをしやすいというデメリットもあります。

体が硬い子は、筋肉や腱をストレッチで伸ばす運動をする必要があります。いちばん手軽で効果的なのが、風呂上がりのストレッチです。風呂上がりは筋肉や腱が温められ、伸ばしやすくなります。

ストレッチといっても、簡単な運動で十分です。前屈の他、床におしりをついた状態で体を前や横に倒すといった基本的なストレッチを毎日やるだけでも、運動のしやすい体に変わっていくはずです。

ストレッチのポイント

前屈

ポイント

・ひざは曲げずに、まっすぐ
・内ももが離れないようにする
・体を倒すタイミングで息を吐く
・前に体を倒した体勢を10秒間維持する

開脚前屈

ポイント

・右、左、正面と順番に体を前に倒す
・ひざは曲げずに、まっすぐ
・足はできるかぎり開く
・右、左、正面それぞれ10秒間が最低目標

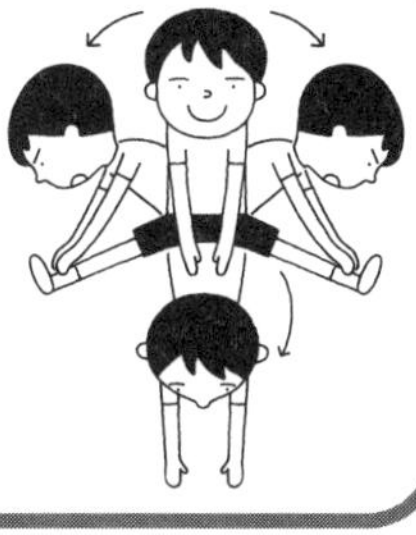

ふとももの前側を伸ばすストレッチ

ポイント

・足の甲を地面につける
・左右交互に10秒ずつが目安
・慣れてきたら、後頭部を床につけて寝る体勢にチャレンジしてみる

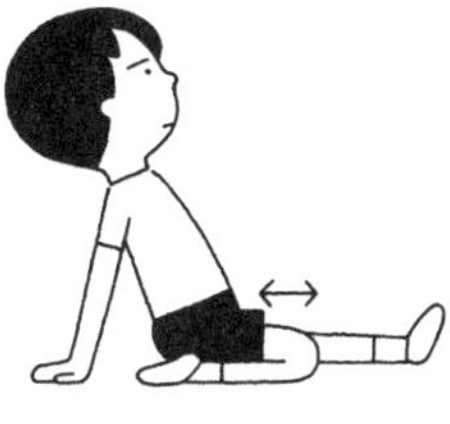

なわとびが上手になると足も速くなる

◉「なわとび」と「速く走る」は似ている

私は、かけっこの練習に、なわとびを取り入れることをおすすめします。

「なわとびとかけっこは、どういう関係があるのか？」と疑問に感じる人もいるかもしれません。

私の経験からいえば、足の速い子はなわとびが上手です。前回し跳びはもちろん、あや跳び、交差跳び、二重跳びも練習すれば、比較的早くできるようになります。一方、足の遅い子には、なわとびができない子が多いという傾向があります。

実は、速く走ることと、なわとびをすることは同じような運動能力が求められます。

まず、何回もなわとびを跳べば持久力（スタミナ）がつきます。速く走るには、ある程度の持久力がなければ、スピードを持続させることができません。

なわとびは、瞬発力を鍛えます。なわとびをうまく跳ぶコツのひとつは、つま先を使って跳んで、地面との接地時間を短くすることですが、これは速く走るときにも必要な動きです。つま先で跳んでいると、「バネ」が鍛えられ、走る際の瞬発力もつきます。

また、なわとびをすると、一定のリズムで跳ばなければいけないので、リズム感が鍛えられます。足の速い子は、一定のリズムを保って走ることができますが、足の遅い子は手と足がバラバラだったり、動きが速くなったり遅くなったりします。

つまり、なわとびをすることは、足が速くなるために必要な「持久力」「瞬発力」「リズム感」を鍛えることにつながります。

ですから、なわとびが上達すればするほど、足も速くなると考えてもよいでしょう。

◉何回跳べたかを記録しておく

なわとびは、かけっこの練習の前に行うとよいでしょう。走る前のウオーミングアップにもなります。

なお、跳んだ回数は、記録として残しておくことをおすすめします。なわとびも走ることと一緒で、練習すればするほど多くの回数を跳べるようになります。つねに自己新記録を目指して跳べば、なわとびを続けるモチベーションになりますし、確実に基本的な運動能力もアップしていきます。

何よりも、自己記録を更新するたびに、「努力すればできる」という自信につながります。

もしも50メートル走のタイムが伸び悩んでいたとしても、なわとびで自己記録を更新できたりすると、そこで自信を回復することも可能です。

なわとびのよいところは、ひとりでもできるという点です。お父さん、お母さんと一緒に練習ができない日でも、道路や公園、家の庭でもすることができます。毎日なわとびをする習慣を身につければ、確実に走るのも速くなります。

お父さん、お母さんは、「今日は何回跳べた？」というように、子どもの記録を日々気にかけてあげると、子どもが毎日やり続ける動機になります。

なわとびをうまく跳ぶコツ

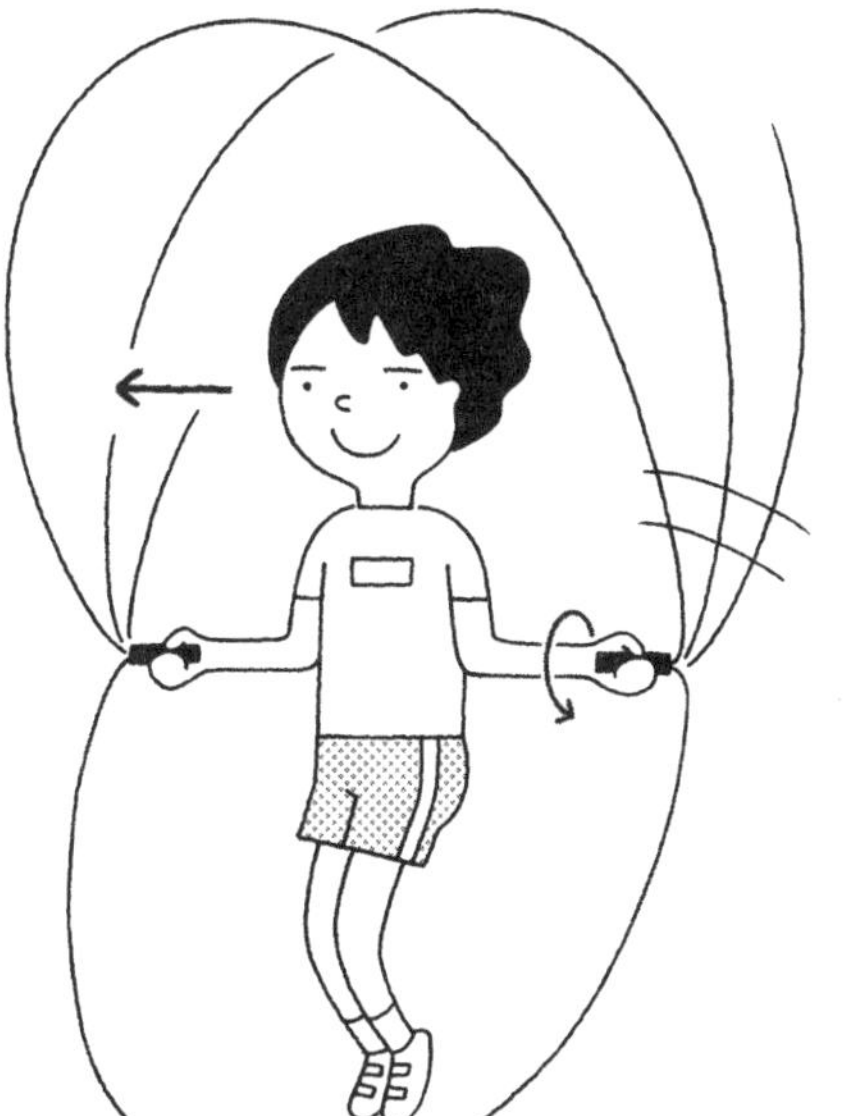

ポイント

- 手首でまわす
- 脇をしめる
- かかとをつかずに、つま先で跳ぶ
- 目線は前に向ける
- ひざを曲げすぎない
- 前まわし跳びは1分間で100回が目標

上半身のフォームを変えるだけでタイムが上がる！

◉5つのポイントを押さえれば、走りが変わる

ジョギングやなわとびを終えたら、いよいよ「走る練習」に入ります。

実は、ジョギングやなわとびを行うことだけでも、基本的な体力が向上しているので、走るスピードはアップする可能性が高いのですが、走り方のいくつかのポイントを注意すると、さらにタイムがアップします。

まずは、実際に思いきり走る前に、上半身のフォームから練習をするとよいでしょう。重要なポイントは、次の5つです。

①背筋を伸ばし、正面をまっすぐ見て、前傾姿勢をキープする

体が猫背になってしまうと、力が分散してしまい、前への推進力が生まれません。

②ひじを90度に曲げて振る

ひじが伸びてしまうと、腕を振る動作が大きくなって、速く動かすことができません。ひじを基点とするイメージで腕を速く振ります。

③手のひらが腰骨の下を通過するイメージで

手のひらが下にきたときに、腰骨より上を通過しているのは、手の振りが高すぎる証拠。上のほうで振ると肩甲骨の可動域が狭くなり、ダイナミックな動きができなくなります。

④腕は前方向に強く、速く振る

腕は進行方向に向かって、前へ前へ振るイメージをもちましょう。体の後ろの方向へ腕を振ってしまうと、前へ進む力が抑えられてしまいます。

⑤手のひらは「パー」

手のひらは「グー」ではなく「パー」です。パーのほうがリラックスして腕を振ることができ、前に進む大きなパワーが生まれます。また、手のひらは下方向に向けると、より腕を振りやすくなります。

◉「いっぺんに」ではなく「ひとつずつ」で十分

このように、上半身のフォームだけでも何個もポイントがありますが、すべてをいっぺんに教えようとしてはいけません。多くの子どもは、一気にいくつもの動作を同時にマスターすることはできません。**ですから、「ひとつできたら、またひとつ教える」というように、順を追って一つひとつ教えていきます。**

ときには、新しいことを覚えたとたん、別のことを忘れてしまうことがあるかもしれませんが、そこで、「なんでできないの！」と叱ってはいけません。「ここはできたけど、ここはできていなかったよ」というように、つねにほめる姿勢を心がけると、子どもはどんどんコツを吸収していくでしょう。

上半身のフォームのポイント

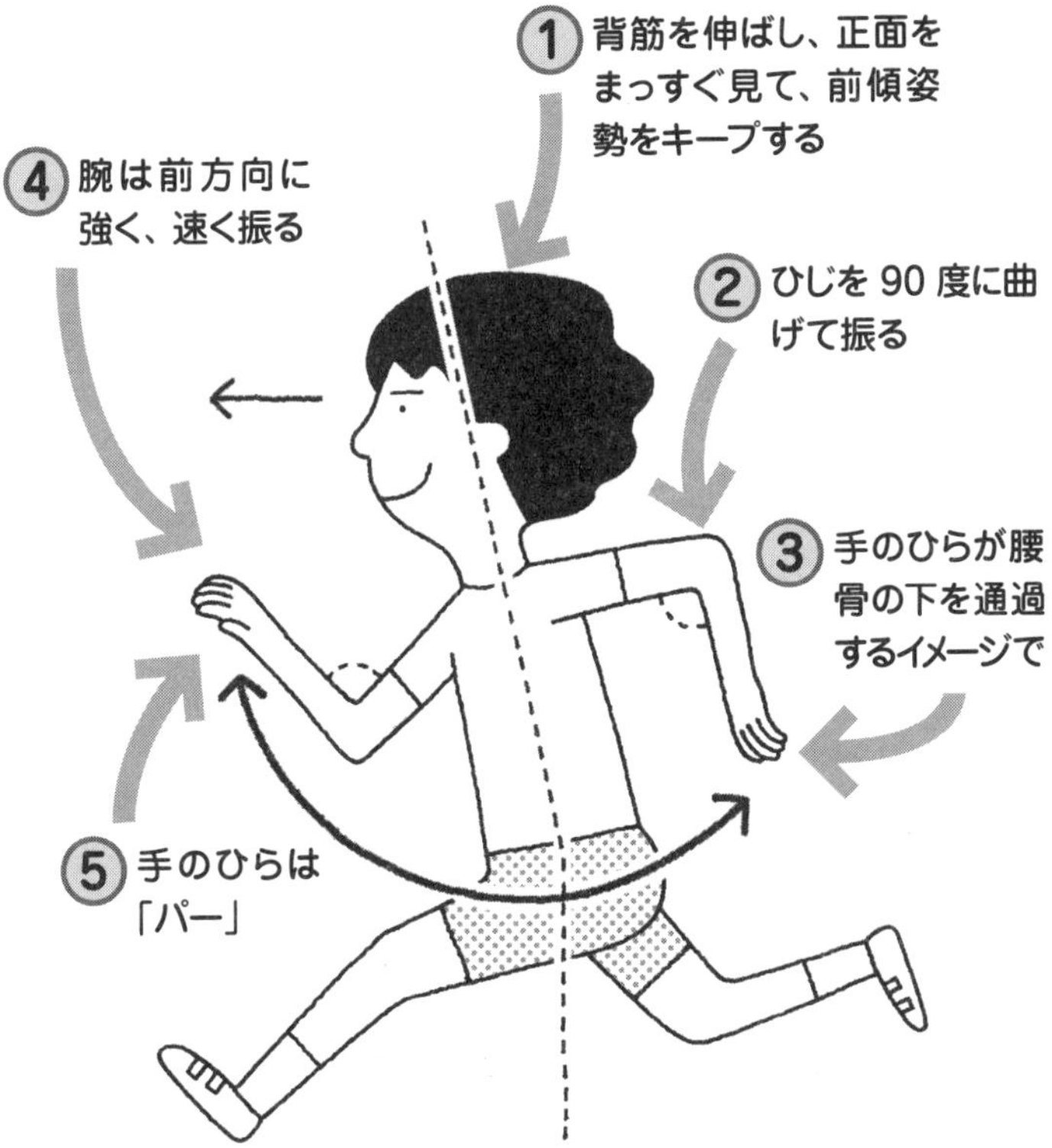
①背筋を伸ばし、正面をまっすぐ見て、前傾姿勢をキープする
④腕は前方向に強く、速く振る
②ひじを90度に曲げて振る
③手のひらが腰骨の下を通過するイメージで
⑤手のひらは「パー」

ひざを前に出す走り方をマスターする

◉ミニハードルで体感するのが上達への近道

上半身の次は、足の運び方に移りましょう。

速く走るためのポイントは、ふとももを高く上げることではなく、ひざを前に出すことです。そして、足が着地したときに、そこに体重を乗せるようなイメージで走ると、前への推進力が生まれます。

しかし、このように言葉で説明しても、理解してくれる子どもはほとんどいません。足の運び方については、実体験で感覚を覚えてもらうのがいちばんです。

私が指導するときは、いつもミニハードルという器具を使います。高さが十数センチの低いハードルです。

8つのミニハードルを等間隔に並べていきます。ひとつの間隔は、50メートル走の記録が10秒以上の子は、私の靴で4歩分（27センチ×4＝108センチ）、10秒を切る子は5歩分（27センチ×5＝135センチ）を目安にしています。

子どもたちには、ハードルの間に交互に足を入れるようなかたちで走らせます。すると、ハードルを越えなければいけないので足が高く上がると同時に、ひざが前に出ます。これが理想的な走り方です。

つまり、ミニハードルを越えることで、子どもたちは自然とひざを前に出す足の運びを体得することができるわけです。

◉ミニハードルは木の棒でもOK

普通の家庭には、ミニハードルはないでしょうから、別のもので代用してもかまいません。木の角棒でもよいですし、ティッシュペーパーの空き箱でもよいでしょう。「飛び越えないといけない」と思わせるようなものであれば、なんでもかまいません。ただし、丸い棒やペットボトルなど転がりやすいものは、誤って踏んでしまうと転倒してしまうおそれがあるので避けるべきでしょう。

ミニハードルのトレーニングをするときには、次のポイントをチェックしてあげるとよいでしょう。

・ひざが上がって、前に出ているか
・バタバタと足音を立てていないか
・ある程度のスピードが出ているか
・理想的な腕振りができているか
・背筋を伸ばして前を見て走っているか

ミニハードルは、足元に神経が集中してしまうので、走る姿勢や腕振りがおろそかになってしまうケースが少なくありません。

ここでもまた、あせることなく一つひとつ課題をクリアしていくことを心がける必要があります。

ミニハードルトレーニングのポイント

ポイント

- ・ひざが上がって、前に出ているか
- ・バタバタと足音を立てていないか
- ・ある程度のスピードが出ているか
- ・理想的な腕振りができているか
- ・背筋を伸ばして前を見て走っているか
- ・ミニハードルがなければ木の棒やティッシュ箱でもOK

バタバタ走法を克服する

◉ジャンプで弾む感覚を体に覚えさせる

繰り返しになりますが、足の遅い子の特徴として、「足の裏全体を地面につけて、バタバタという音を響かせながら走る」というものがあげられます。

一方、足の速い子は、つま先で着地することによって、地面との接地時間を短くしています。だから、タッタッタッタッというリズミカルな音を立てながらさっそうと駆け抜けていきます。

「バタバタ走法」の子に、「接地時間を短くして、つま先で弾むようにして走ってみよう」と言っても、なかなか理解してもらえません。

このようなときは、その場でジャンプをして弾むような感覚を体感させるのが効果的です。

まっすぐの姿勢で、足を曲げないようにして連続ジャンプをしてもらいます。体が一本の棒になったようなイメージです。

通常、ジャンプをしようとすると、ひざや足首を曲げて、勢いをつけて跳びはねようとしますが、このジャンプでは着地直前に力を入れて、ひざや足首が曲がらないようにします。ボールがポーン、ポーンとはねるようなイメージです。なわとびを跳んでいる感覚にも近いでしょう。

このような跳び方をすると、つま先が接地する時間が短くなり、空中に浮いている時間が長くなります。このようにボールが弾むような感覚を体に覚えさせるのが、このトレーニングの目的です。

◉お父さん、お母さんが手伝ってあげるのも効果的

子どもがひとりでうまく跳べないようであれば、お父さん、お母さんがお手本を見せて、一緒に跳んであげましょう。

また、お父さん、お母さんが後ろに回って、跳んでいる子どもの肩を上から押し下げてあげるのも効果的な方法です。

ボールをドリブルするような感じで、子どもの肩を上から下へ、少し強めに押します。

すると、強く押された子どもは、着地した瞬間にひざや足首が曲がらないように力を入れるので、ひとりでジャンプしているときよりも子どもの体はポーンと弾みます。

このように、つま先で弾むよう感覚を味わわせたあとに走らせると、子どもの「バタバタ走法」が解消されます。

ひとりジャンプと親子ジャンプのポイント

親子ジャンプ

ポイント

・お父さん、お母さんが後ろに回って、跳んでいる子どもの肩を押し下げてあげる
・ボールをドリブルするような感じで、子どもの肩を上から下へ、少し強めに押す
・子どもは、まっすぐの姿勢で、足を曲げないようにして連続ジャンプ

ひとりジャンプ

ポイント

・親子ジャンプでつかんだタイミングで連続ジャンプ
・着地直前に力を入れて、ひざや足首が曲がらないようにする
・ボールがポーン、ポーンとはねるようなイメージ

スタートダッシュで他の子に差をつける

◉リラックスしたほうが速く反応できる

運動会などの前には、スタートの練習をしておくと、他の子に序盤で差をつけることができます。

緊張したり気合が入りすぎたりして、スタート地点でガチガチに固まっている子をよく見かけますが、体に力が入りすぎていると体がスムーズに反応しません。

構えているときは、基本的に少し力を抜いてリラックスしていたほうが速いスタートが切れます。

構えているときの前足は約90度の角度、後ろ足は約120度くらいがよいでしょう。

後ろ足が伸びきってしまっている子がいますが、これでは地面を蹴って、前に出ることができません。

スタートダッシュのポイント

ポイント

- 基本的に少し力を抜いてリラックスする
- 前足は約 90 度の角度、後ろ足は約120度くらい
- 腕は力を入れずに、前にダラーンとさせておく
- 姿勢は低くして、つま先に体重を乗せる
- 「よーい、ドン」と同時に後ろ足を強く蹴って、腕を速く振ってスタート

このとき、腕は力を入れずに、前にダラーンとさせておくくらいのほうがよいでしょう。姿勢は低くして、つま先に体重を乗せるようにします。

あとは、「よーい、ドン」と同時に後ろ足を強く蹴って、腕を速く振ってスタートするだけです。

◉順位ではなく「自分のベストを出す」のが大事

子どもの性格によっては、本番で緊張してしまったり、ライバルを気にしすぎてしまうケースがあります。

指導する子がレースに臨む前に、私がアドバイスするのは、

「まわりを気にせずに、いつもの自分の走りをすること」

「自分の力を出し切って、ベストタイムを出すこと」

などです。

決して「1番になろう！」など、順位を意識させるようなことは口に出しません。走ることは自分との闘いです。順位やまわりを意識してしまうと、普段の自分の力を出し切れなくなってしまいます。

タイムを計ることが子どもの成長を促す

●練習後は50メートル走のタイムを計る

練習の最後では、50メートル走のタイムを計測します。繰り返しになりますが、タイムが上がることが、子どものいちばんのモチベーションにつながります。しっかりと練習を積んでいれば、日々タイムもアップしていくでしょうから、練習のたびにタイムを計ってあげると、子どもも自分の進歩を実感できます。

ただし、ある程度、練習を重ねて足も速くなってくると、毎日タイムが上がるということは少なくなります。タイムがあまり上がらないのは、子どもにとっては、自信を失うきっかけにもなりかねません。

ですから、ある程度、レベルが上がってからは、「週3回の練習のうちの最後の練習のときだけ計る」というように、ある程度、間隔をあけるとよいでしょう。1週間単位であれば、タイムが上がる可能性は高くなります。

◉メジャーがなくてもコースはつくれる

50メートルのコースをつくるには、メジャーが必要になります。ホームセンターなどで売っています。価格としては数千円するものですが、できれば練習のために購入することをおすすめします。

しかし、メジャーがなくてもコースをつくることはできます。たとえば、「木と木の間」「建物と木の間」など、目印となるものの間を走って、タイムを測定するのです。もちろん、「きっちり50メートル」というわけにはいきませんが、毎回同じ目印の間を走れば、タイムの比較はできます。

とにかく大切なのは、タイムを計ることによって、努力の成果が数字という目に見えるかたちで表れることです。

なお、練習の時間は長くとも1時間くらいが限度でしょう。私の経験からいえば、子どもの集中力は、40分くらい経つとなくなってきます。

メジャーがなくてもコースはつくれる

タイムを計って成長を確認するのが大切

練習が終わったあとは、遊びやスポーツなどを一緒にしてあげるとよいと思います。子どもが野球に興味があるならキャッチボール、サッカーに興味があるなら一緒にボールを追いかけます。

遊びやスポーツであれば、集中力が切れても問題ありませんし、体を動かすことは基本的な運動能力を鍛えることにもつながります。また、子どもとのコミュニケーションを図る機会としても有意義な時間になることでしょう。

複数のスポーツをさせるのが理想

◉ひとつの競技に絞ると逃げ道を閉ざすこともある

最後に余談になりますが、「子どもにどんなスポーツをさせるのがよいですか？」とお父さん、お母さんに尋ねられることがあります。

昨今は、「競技をひとつに絞って英才教育をするのがよい」と考えるお父さん、お母さんが多いようです。たしかに、早い時期からひとつの競技に絞って練習をすれば、経験が力になり、トップクラスの成績を残すことも可能かもしれません。

ただ、私は幼いころから「野球だけやらせる」「ゴルフだけやらせる」というように一本に絞るのはおすすめしません。

ひとつの競技だけをしていると、同じような運動ばかりになってしまうからです。

たとえば、フィギュアスケートだけを幼いころから習っている子のなかには、腰に負担がかかりすぎるために、小学生のうちから腰痛に苦しむケースもあります。そのまま続けていると、将来的にはヘルニアになってしまうかもしれません。

また、ひとつの競技に絞り込んでしまうと、子どもの逃げ道を閉ざしてしまうことにもなります。

仮に大きなケガをしたときや、「自分にはこの競技は向いていない」と思ったときは、挫折感が大きくなり、子どもが精神的に追い詰められてしまう恐れもあります。

もちろん、トップクラスを目指すのであれば、早く競技をはじめるに越したことはありません。ひとつの道を究めることは、子どもの自信にもなりますし、尊敬に値することだと思います。

ただ、メインの競技とは別に、他の運動も取り入れることをおすすめします。「野球＋水泳」「サッカー＋陸上」など組み合わせは自由です。

私がパーソナルトレーナーを務めるフィギュアスケートをしている女の子には、スケートの他に、ランニングや水泳のメニューも組み込んでいます。

他の運動をすることによって、バランスよく運動能力や筋力を高めることができ、ケガや病気にも強い体をつくることができます。こうした補助的な運動は、メインで行っている競技に肉体面、精神面でプラスの効果をもたらしてくれるはずです。

◉「子どもが何に向いているか」はすぐにはわからない

私の経験からいっても、複数の運動を取り入れるのは、子どもにとって理想的だと思います。

私も、子どものころは陸上競技だけでなく、野球、サッカー、水泳も並行して行っていました。最終的には、陸上競技の道に進むことを決めましたが、今になって振り返ってみると、その他の競技で身につけた体の使い方や経験などが、陸上競技にもプラスの意味で活かされていたと感じます。

また、複数の競技を経験したうえで、「自分にはどのスポーツが向いているのか」を考えることができたのも、私にとってはありがたいことでした。陸上を選択してからは、「自分には陸上がいちばん向いている」という確信をもつことができたため、精神的に辛かったり、迷ったりすることも少なかったと思います。

子どもがどんなスポーツに向いているかは、すぐにはわかりません。ですから、最初からひとつに絞るよりも、子どもが興味をもったスポーツはなんでもやらせてみるのも大事なことです。

どんなスポーツを子どもにやらせるかは、各家庭の教育方針もあるので一概にはいえませんが、「うちの子は、絶対プロゴルファーになるんだ」「英才教育で野球を教え込むんだ」というお父さん、お母さんの強い思い込みは、子どもの可能性を閉ざす可能性もあるということは、認識しておいたほうがよいでしょう。

◉最初のスポーツはサッカーがおすすめ

そうはいっても、「子どもが特定のスポーツに興味をもっていない」「たくさんやらせたいことがありすぎて選べない」というケースもあるかもしれません。

「おすすめの競技をひとつだけあげてください」と言われたら、私はサッカーをおすすめします。というのも、サッカーは小さいころからはじめればはじめるほど、確実に有利になるからです。

サッカー以外のスポーツというのは、たいていは手を使う競技です。手は普段の生活から使っているので感覚が研ぎ澄まされており、自由自在に動かすことができます。だから、手を使う競技は大人になってからでも、ある程度経験を積めばそれなりに上達していきます。

一方、サッカーは主に足を使ってプレーします。足の扱いがサッカーの上手、下手を左右します。

ところが、日常生活では、歩く、走る以外で足を使う機会はほとんどありません。ましてや手のように器用に動かすようなこともないでしょう。

だから、小さいころから足でボールを扱っている人と、大人になってからサッカーをはじめた人とでは大きな差が生まれてしまいます。大人になってからだと、足の神経が鈍っているので、なかなか上達しないのです。

他のスポーツはある程度大きくなってからでも挽回がききますが、サッカーは挽回するのがむずかしいのです、

ただし、いろいろなスポーツをやらせるのはよいことですが、それらのベースとなるのは、やはり「走る」ことです。それだけは忘れないようにしてください。

あとがき

スポーツは、子どもたちが成長していくうえで、とても重要なツールであると、私は考えています。

「できないこと」や「苦手意識があること」にチャレンジするのは、大人でもなかなかできません。子どもならなおさらです。だからこそ、子どものやる気やチャレンジ精神を引き出すためには、お父さん、お母さんのサポートがとても大切なのです。

本書のなかで何度も述べてきましたが、失敗したときや、一生懸命がんばっても結果が出ないときに、「○○くんはできているのに、何であなたはできないの！」とか、「こんな記録だと、また運動会でビリになるよ」といったネガティブな声かけは、絶対に禁句です。とくに、学校で友だちにつらいことを言われている場合、家でもつらいことを言われてしまうと、「自分はダメなんだ」「絶対に無理」と、完全にやる気をなくしてしまいます。一度やる気をなくしてしまうと、スタートラインに戻るまでには、かなりの時間がかかってしまいます。

そうならないためにも、「まわりは気にしなくていいんだよ。自分のペースでがんばろう」とか「調子が悪いときもあるよ、また明日がんばろう」など、常にポジティブな声かけを心がけてください。少しの成長でも、たくさんほめて認めてあげることで、子どもはどんどんやる気になります。お父さん、お母さんは、いつも子どもの味方でいることが大切なのです。


私の母は、「最初からあきらめてどうするの？」「やってみなければわからないでしょ」など、いつもポジティブな声かけをしてくれました。

その環境もあって、私は小学生のころ、陸上競技、野球、水泳、サッカーなど、さまざまなスポーツを経験することができました。この、たくさんのチャレンジや経験があったからこそ、小学5年生から本格的にはじめた陸上競技で、良い成績を収めることができたのだと思います。

幼稚園・小学生のころに、さまざまなスポーツを経験させてあげることで、運動能力だけでなく、チャレンジ精神や「ここ一番での勝負強さ」の向上につながります。
また、スポーツを通じて、努力の大切さや「最後まであきらめない気持ち」など、生きていくために必要な「人間力」を学ぶことができます。

子どもの可能性は無限大です。その無限の可能性を引き出すのは、他でもない、お父さん、お母さんなのです。

著　者

【参考文献】

・『運動会で一番になる方法』深代千之／アスキー・メディアワークス
・『子どもの運動能力を引き出す方法』佐藤雅弘／講談社
・『2時間で足が速くなる！』川本和久／ダイヤモンド社
・『2時間で子どもの足が速くなる！　魔法のポン・ピュン・ラン♪』川本和久／ダイヤモンド社
・『図解雑学　人間関係の心理学』齊藤勇／ナツメ社
・『わが子を一流選手にするメンタル・コーチング』白井一幸／PHP研究所

〔著者紹介〕
長澤　宗太郎（ながさわ　そうたろう）
1981年、東京都生まれ。小学生から陸上競技・野球・水泳を経験し、陸上競技短距離では、小学校・中学校・高等学校・大学の全国大会に出場。中学校では、全国第７位。
城西大学では陸上競技部に所属し、卒業後、バディスポーツ幼児園体育教諭、陸上クラブコーチを経て、2008年11月、体育・スポーツの家庭教師フォルテを設立。現在に至る。
共著書に『体育の教科書　指導用』（データハウス）がある。

本書の内容に関するお問い合わせ先
中経出版編集部　03(3262)2124

足の速い子の育て方　（検印省略）

2011年３月14日　第１刷発行

著　者　長澤　宗太郎（ながさわ　そうたろう）
発行者　杉本　惇

発行所　㈱中経出版
〒102-0083
東京都千代田区麹町3の2 相互麹町第一ビル
電話　03(3262)0371（営業代表）
03(3262)2124（編集代表）
FAX 03(3262)6855　振替 00110-7-86836
ホームページ　http://www.chukei.co.jp/

乱丁本・落丁本はお取替え致します。
DTP／キャップス　印刷／恵友社　製本／三森製本所

ISBN978-4-8061-3994-2　C2075